NUNCA DIGAS «A MÍ NO ME VA A PASAR»

PROFIT
editorial

Profit Editorial, sello editorial de referencia en libros de empresa y management. Con más de 400 títulos en catálogo, ofrece respuestas y soluciones en las temáticas:

- Management, liderazgo y emprendeduría.
- Contabilidad, control y finanzas.
- Bolsa y mercados.
- Recursos humanos, formación y coaching.
- Marketing y ventas.
- Comunicación, relaciones públicas y habilidades directivas.
- Producción y operaciones.

E-books:
Todos los títulos disponibles en formato digital están en todas las plataformas del mundo de distribución de e-books.

Manténgase informado:
Únase al grupo de personas interesadas en recibir, de forma totalmente gratuita, información periódica, newsletters de nuestras publicaciones y novedades a través del QR:

Dónde seguirnos:

 | @profiteditorial

  | Profit Editorial

Ejemplares de evaluación:
Nuestros títulos están disponibles para su evaluación por parte de docentes. Aceptamos solicitudes de evaluación de cualquier docente, siempre que esté registrado en nuestra base de datos como tal y con actividad docente regular. Usted puede registrarse como docente a través del QR:

Nuestro servicio de atención al cliente:
Teléfono: **+34 934 109 793**
E-mail: **info@profiteditorial.com**

MIQUEL PINO

NUNCA DIGAS «A MÍ NO ME VA A PASAR»

27 claves empresariales
y personales para gestionar
lo imprevisible

© Miquel Pino, 2026

© Profit Editorial I., S. L., 2026

Diseño de cubierta: XicArt

Maquetación: XicArt

ISBN: 979-13-87796-41-9

Depósito legal: B 2349-2026

Primera edición: Marzo de 2026

Impresión: Gráficas Rey

Impreso en España / *Printed in Spain*

«Nuestra mayor gloria no está en no caer nunca,
sino en levantarnos cada vez que caemos».

CONFUCIO.

ÍNDICE

INTRODUCCIÓN

El domingo 9 de abril de 2023 tuve un accidente con la bicicleta de montaña que pudo haberme costado la vida. No fue así, como es obvio, dado que estoy escribiendo este libro, pero sí fue lo suficientemente grave como para tenerme varios meses en una silla de ruedas, afrontando una recuperación física y mental que me puso a prueba de una forma que jamás hubiera imaginado.

Fue un proceso muy difícil. Y eso que me consideraba —me considero— una persona capaz de asumir retos importantes, entrenada en la resiliencia, con herramientas para lidiar con todo tipo de situaciones adversas. Y, aun así, nunca antes había vivido una situación de semejante dureza.

Me enfrenté a muchos temores profesionales y personales. ¿Qué iba a pasar con mi empresa? ¿Cómo iba a gestionar mis compromisos? ¿Podría volver a caminar?

Tuve que lidiar con el dolor, dejarme ayudar, confiar en quienes me estaban guiando en mi rehabilitación, aceptar mi vulnerabilidad. Me vi obligado a admitir que no todo estaba bajo mi control.

Durante meses navegué en una tormenta emocional en la que aparecieron miedos, dudas e incertidumbre ante lo que estaba por venir. Yo, acostumbrado a ir siempre por delante, no podía prever ni siquiera el futuro más cercano.

¿Cuál fue la sorpresa? Descubrir que, cuando se produce una crisis, no hay apenas diferencia entre gestionar una empresa y gestionar la vida.

Verás, he vivido en primera fila muchas crisis empresariales. Unas particulares y puntuales. Otras, generales, como la de 2008 o la provocada por la pandemia. He acompañado a muchos empresarios en los momentos más difíciles de su negocio, cuando es fundamental mantener la mente fría y tomar las decisiones correctas.

Tras mi accidente, comprendí mejor que nunca que las estrategias que aplico ante una crisis empresarial son las mismas que hay que aplicar ante una crisis personal, del tipo que sea.

Y por eso tienes este libro en las manos. He querido plasmar y compartir los aprendizajes que te van a ayudar a gestionar cualquier situación difícil.

Hay una realidad que debes asumir: todo lo que has levantado se puede caer en un segundo. Lo más inesperado puede suceder en este mismo instante, mientras estás leyendo.

Interiorizar esa realidad no hará que vivas más intranquilo; al contrario: te dará paz.

Porque, aunque no puedes planificar lo impredecible, sí puedes empezar hoy mismo a tomar decisiones inteligentes que harán que estés mejor preparado para afrontar lo que venga, con una mentalidad abierta, flexible, adaptable y resiliente. Y eso te dará una gran ventaja.

A lo largo de estas páginas te ofrezco las claves de la preparación a todos los niveles: físico, mental, emocional, material e incluso espiritual.

Tras leer este libro, sabrás qué hacer en cada etapa de una crisis:

- **Antes:** lo que debes tener previsto para anticiparte a cualquier cosa que pueda suceder, tanto en tu empresa como en tu vida.

- **Cuando estalla:** cómo asumir lo que ocurre y cuál debe ser tu actitud en todo momento, así como las acciones concretas para empezar a gestionar lo sucedido.

- **Durante el camino de salida:** las decisiones que te ayudarán a ir superando pruebas, incluso cuando piensas que ya nada puede ir peor.

- **La mentalidad a desarrollar:** las herramientas y habilidades que van a ser tus aliadas durante todo el proceso.

Son consejos de actitud interna, pero también pautas prácticas que muchos empresarios no tienen en cuenta. Pensar con anticipación y tener algunas cosas previstas te aportará tranquilidad cuando más lo necesitas.

Sé que mi experiencia te resultará de utilidad.

1

EL 9 DE ABRIL

«El dolor es inevitable, pero el sufrimiento es opcional».

—HARUKI MURAKAMI

Todo sucedió en un segundo. No hace falta más que eso, un segundo, para que la vida dé un vuelco y todos los planes queden en suspenso. El día 9 de abril de 2023 salí volando por encima de la bicicleta y caí en una cuneta. En ese segundo, todo cambió.

Esa mañana había quedado con mis compañeros de bicicleta del domingo, como otras tantas veces. A las ocho y media nos encontramos en la esquina del City Arms, un pub muy conocido en Banyoles (Girona), donde vivo. El cielo estaba despejado y la temperatura aún era fresca. Teníamos por delante unos cincuenta kilómetros y una jornada perfecta para pedalear.

Ese día, nuestro primer objetivo era llegar al hostal de Sant Miquel de Campmajor, a unos diez kilómetros del punto de partida. Siempre hacemos que nuestros itinerarios pasen por un lugar en el que tomar un buen desayuno; forma parte del ritual.

Para mí, esos encuentros para salir en bicicleta son una excusa para pasar tiempo con mis amigos, estar en la naturaleza y hacer ejercicio, tres cosas que me recargan muchísimo. Forma parte de mis rutinas para ser un empresario feliz.

Ese día éramos tres, Josep Maria Q., Francesc Q. y yo. En el hostal nos encontraríamos con Salvador F., que no podía venir en bicicleta, pero se había apuntado al desayuno. Comenzamos a circular en fila por un camino que habíamos recorrido mil veces. En esa zona —los alrededores del lago de Banyoles—, me siento como en casa.

Enseguida nos metimos en zona boscosa. Solo se escuchaba el piar de los pájaros y el crepitar de nuestras ruedas sobre el camino de tierra. La paz era total, y mis sensaciones, muy buenas.

Haciendo un pequeño ejercicio para centrarme en el aquí y ahora, fui consciente de lo bien que me sentía y de cuánto estaba disfrutando ese momento. Tuve un pensamiento de gratitud por estar vivo y tener el privilegio de estar en un entorno natural con tanta belleza, en una gran compañía.

Y, de pronto, volé… Literalmente.

Acabábamos de salir de una curva cuando me vi impulsado por encima del manillar de la bicicleta. Salí volando y aterricé en el margen del camino, con todo mi peso sobre el lado izquierdo. Aunque todo sucedió en un instante, recuerdo haber notado perfectamente cómo se doblaba mi tobillo, un golpe fuerte en la rodilla y un dolor muy intenso en la cadera.

Escuché un grito, y resultó que era mío.

Aturdido aún, durante los primeros segundos no sabía qué había pasado. Luego me dijeron que había metido la rueda en un agujero que no vi, y el frenazo en seco me proyectó hacia delante. Lo que sí tuve claro desde el primer instante es que me había hecho daño.

—¡Miquel! ¿Qué ha pasado? ¿Cómo estás? ¿Puedes levantarte?

Mis amigos trataron de ayudarme, pero enseguida vieron que había sido un golpe serio y desistieron. No llegué a perder el conocimiento, aunque el dolor era bestial. Poco a poco, fui tomando conciencia de la situación.

Eran las nueve de la mañana, solo llevábamos media hora rodando. El lugar habitado más cercano era Can Soler de Merlant, una preciosa casa rural del siglo XVIII, a quinientos metros. Comprobé que no me podía mover, así que ir hasta allí no era una opción. Decidí que debíamos llamar a los bomberos. Quise hacerlo yo mismo, así que me puse en comunicación con ellos. Les envié una captura de pantalla de la posición que nos daba el móvil: 42°08'48.6"N / 2°42'38.8"E

Me dijeron que enviaban una unidad por tierra y otra por aire. En quince minutos, veinte a lo sumo. Tocaba esperar.

Mis compañeros ya habían visto que la cosa era seria y estaban bastante asustados. Yo intentaba serenarlos.

—Va, sácame unas fotos mientras esperamos.

Era una forma de matar el rato. Quiero pensar que sirvió para tranquilizarnos un poco y dejar de prestar atención a mi rodilla, que en ese momento ya se estaba hinchando y acercándose a las dimensiones de un melón.

Mientras aguardábamos, hablé con mi mujer. Le quité hierro a la situación. Le dije que no era nada grave y que ya le iría contando. Llamó también nuestro amigo Salvador para preguntar por dónde íbamos. Cuando le explicamos lo sucedido se quedó, como decimos por Cataluña, de *pasta de moniato,* es decir, de piedra.

Al cabo de un rato llegó la ayuda por tierra. Hicieron un primer tanteo de la situación, me estabilizaron y me inmovilizaron la pierna afectada. A los pocos minutos oímos el helicóptero sobre nuestras cabezas. No podía aterrizar en zona boscosa, así que un médico bajó para valorar la lesión. Me dieron dos opciones. Una, irme con la dotación de tierra hasta Can Soler y desde allí esperar una ambulancia. La otra, proceder a una evacuación por aire, ya que la zona no permitía que el helicóptero aterrizase. Sin duda, era lo más rápido. ¿Me veía capaz?

Lo tuve clarísimo:

—Hombre, ¿y voy a dejar pasar la ocasión de ir en helicóptero? ¡Claro que no!

En los momentos complicados, un poco de humor siempre ayuda. Y ya, para rizar el rizo, cuando me preguntaron si prefería que me subiesen acostado en camilla o enganchado a un arnés, tampoco dudé:

—Con arnés, que si voy tumbado no veré el paisaje.

Así fue. Cuando ya iba ganando metros, pensé: «Esto hay que grabarlo», así que les grité a los de abajo que me filmasen y me hiciesen fotos. Uno no viaja en helicóptero todos los días. Era un momento que había que inmortalizar.

Cuando el helicóptero pudo tomar tierra en un campo cercano, me acomodaron en el interior y emprendimos un viaje de unos veinte minutos hasta el Hospital Universitario Doctor Josep Trueta, de Girona, no sin antes disfrutar de unas vistas increíbles del lago de Banyoles desde las alturas.

Yo me había imaginado que, al tomar tierra en el hospital, aparecería un grupo de enfermeros empujando una camilla, agachados para vencer la ventolera de las aspas. Vamos, que estarían avisados y me estarían esperando.

Pero allí no había nadie. Los rescatadores bajaron para ir adelantando gestiones, y yo me quedé esperando en el helicóptero. «Serán unos minutos», me dijeron. Al cabo de unos tres cuartos de hora, alguien vino a buscarme con una camilla. Me subí como pude para que me llevaran a la zona de urgencias. ¡Nada que ver con el dispositivo de película que me había imaginado!

Tampoco fue de película el traslado al edificio principal. Si acaso, de mala comedia. O el camino no era regular o el conductor de la camilla no tenía mucha pericia —o ambas cosas—, pero faltó poco para que acabara en el suelo en alguno de los baches. Al llegar a urgencias me aparcaron en un pasillo y, de nuevo, tuve que esperar.

¿Cuánto? Mucho. Aproveché para hablar de nuevo con mi mujer. Quería tranquilizarla, decirle que esperaba que me hiciesen pruebas y que me dijesen si podía volver a casa. También estaba recibiendo mensajes de mis compañeros, que tuvieron que regresar desandando la ruta. «Tranquilo, Miquel, verás cómo solo ha sido un golpe y enseguida te mandan a casa». Me preguntaban si iban a recogerme al hospital.

Yo no tenía ni idea. Estaba en un pasillo desierto, no había un alma. ¿Quizá porque era Semana Santa y no había personal? ¿O es que estaban saturadas las urgencias? ¿Se habían olvidado de mí?

Durante la espera, la incertidumbre hizo mella y comencé a darle vueltas en mi mente. No tenía buenas sensaciones. Sabía que el golpe había sido brutal y me preocupaba lo que pudieran decirme. ¿Iba a tener que quedarme ingresado? ¿Por cuánto tiempo? ¿Qué iba a pasar con todos mis compromisos? Sabía que no era buena idea empezar a elucubrar y trataba de frenar la avalancha de pensamientos. Pero estaba nervioso, cansado, dolorido… y ahora ya enfadado por la espera. No era fácil controlar la mente.

Vi asomarse a una enfermera y la llamé al vuelo. Me quejé por la espera, por la falta de información, y conseguí que me recogiese el personal de urgencias. Luego vinieron las radiografías, un tac, más pruebas, y me dijeron lo que no quería oír: rotura de la meseta tibial externa de la rodilla izquierda, una lesión grave al ser en una articulación de carga como es la rodilla.

Tenían que inmovilizarme mientras esperaba hasta que pudiesen operarme, porque el equipo de traumatólogos estaba de vacaciones. Me cortaron la ropa, me colocaron un yeso desde el tobillo hasta la cadera y me subieron a una habitación.

Ya estaba claro que iba para largo y que ahí me tendría que quedar. Mi compañero de habitación también se llamaba Miquel y, coincidencias de la vida, era el padre de una persona que había trabajado en mi despacho. Hicimos buena amistad a raíz de esa estancia en el hospital y continuamos viéndonos periódicamente para celebrar que estamos vivos.

En la habitación, las enfermeras me pusieron una vía con calmantes y conseguí relajarme un poco por primera vez en el día. «Paciencia —me recomendaron—. El traumatólogo que te va a llevar se incorpora el martes». ¿El martes? El martes tenía programadas varias reuniones *online* con clientes; el miércoles, un *webinar* importante; el jueves, una conferencia en Fira de Barcelona… ¡Tenía un viaje pagado a Atenas a finales de mes! Y ya no quería pensar más allá, porque me estaba poniendo malo solo de pensar en qué iba a hacer con todo aquello.

Me había reservado unos días para hacer deporte y descansar precisamente porque, tras Semana Santa, mi agenda estaba al doscientos por cien. ¿Qué impacto iba a tener todo aquello en mi empresa y en mi vida?

«Bueno, al menos no me he muerto», pensé. Puede sonar a humor negro, y seguramente lo era, pero también era una realidad. Una caída como esa puede acabar de la peor de las maneras, así que podía considerarme afortunado. Además, darle vueltas a lo sucedido tampoco iba a solucionar nada, ¿para qué perder el tiempo?

En momentos así es muy fácil comenzar a darle vueltas a ideas que no tienen sentido: «¿Y si hubiese ido más atento? ¿Y si hubiésemos elegido otra ruta? ¿Y si...?». Tenía que parar. No solo es inútil, también resulta perjudicial para la mente. Traté de tomar el control de mis pensamientos, dejar de preocuparme por anticipado, pensar en positivo y centrarme en las soluciones. No fue nada fácil.

Repasé mi situación. Estaba cubierto por otros seguros, de modo que, si consideraba que la atención no era la adecuada, siempre tenía la opción de irme a una clínica privada. Tenía además el teléfono de mi gran amigo traumatólogo, el doctor Josep Lloveras, quien me recomendó quedarme donde estaba. En el hospital había un gran equipo de traumatólogos y debía confiar en ellos. No obstante, él estaría pendiente de todo y me haría un seguimiento, lo que me dio un plus de tranquilidad que agradecí.

Por otra parte, contaba con un fondo de reserva económica para cubrirme en un caso excepcional. En ese momento no sabía si sería suficiente, pero confiaba en que mis cálculos estarían bien hechos y tenía margen. Además, podía contar con mi equipo. Ellos se encargarían de que todo siguiese funcionando conmigo o sin mí.

Había preparado el terreno para poder estar protegido frente algo como esto.

Mucho más tarde, cuando pude reflexionar sobre lo vivido, me di cuenta de que fui pasando por las diferentes fases del duelo, que son comunes a situaciones graves de ruptura o de *shock*. Primero fue la rabia por no poder dar marcha atrás en el tiempo y evitar el accidente: «¡Cómo has podido ser tan torpe, Miquel!».

Luego vino la negación, tratar de pensar que no era tan grave, que yo no iba a pararme por nada y menos por algo así. Después apareció una tristeza inmensa, al comprender que debía someterme a los tiempos de la recuperación, que no podía valerme sin ayuda, que tendría que renunciar temporalmente a algunos proyectos. Muy poco a poco, la espiral descendente empezaría a ascender, a partir del momento en que comencé a aceptar lo sucedido y a asimilar los nuevos aprendizajes.

Pero no adelantemos acontecimientos. Aún tenía que enfrentarme a una complicada operación para reconstruir la rodilla.

En tu empresa

Los aprendizajes que voy a compartir contigo abarcan diferentes aspectos, desde la actitud y la preparación personal hasta cuestiones materiales que conviene tener contempladas, porque pueden ser el salvavidas para no ahogarte con un problema o salir más rápido de un bache.

Nadie está libre de una crisis grave en la empresa.

Igual que mi vida se paró de golpe y tuve que frenar en seco, cualquier negocio que va bien puede caer súbitamente por diferentes motivos: una crisis financiera global como sucedió en 2008, un accidente personal o una enfermedad, un percance grave en las instalaciones, una acumulación de impagos... Hay muchas razones que pueden afectar a tu empresa o incluso ponerla al borde de la quiebra.

Te invito incluso a que te hagas esta pregunta: ¿qué pasaría si mañana desaparecieses del mapa?

No quiero amargarte el día, sino ayudarte a contemplar situaciones de las que ninguno estamos libres. Quizá te parezca un escenario muy pesimista, pero te aseguro que lo he visto más de una vez en el mundo de los negocios, y he vivido de cerca lo que supone no haberse preparado.

¿Que esa situación inesperada no llega? Mejor para ti, pero, si sucediese, te aseguro que agradecerás tenerlo todo previsto.

Los seguros, al día

Los seguros son fundamentales para proteger los activos de la empresa en el caso de que ocurra cualquier imprevisto.

Tener las espaldas cubiertas con diversos seguros, personales y de empresa, te aportará una tranquilidad impagable: seguros de responsabilidad civil, para los vehículos o la maquinaria, para cubrir contingencias extraordinarias como un incendio o una inundación, incluso para el cobro de facturas, especialmente si tus clientes no son de confianza.

En el ámbito personal, es importante un seguro de vida, uno de accidentes y otro de salud privada. Hoy por hoy, quienes gestionamos una empresa necesitamos complementar la sanidad pública con otros recursos que nos faciliten opciones y aporten control sobre los tiempos. Piensa que adelantar una prueba o un diagnóstico puede ahorrarte muchos quebraderos de cabeza. El tiempo es dinero, así que, cuanto antes resuelvas tu problema de salud, antes seguirás siendo productivo y facturando dinero para tu empresa.

Ya sé lo que estás pensando: «Todo eso ¡aumenta mucho los gastos de mi negocio!».

Soy consciente, pero plantéatelo así: ¿cuánto vale tu tranquilidad?, ¿cuánto vale que duermas en paz sabiendo que estás cubierto ante cualquier accidente o incidente en tu negocio?

Si mañana pierdes tu empresa por no estar asegurado, ¿cuánto pagarías por volver atrás y contratar el seguro que la habría salvado?

En mi trayectoria laboral he visto almacenes en llamas, otros anegados de agua y barro, techos que se han venido abajo, robos de dinero en efectivo de la caja fuerte… ¿De verdad crees que nunca sucederá algo así en tu empresa?

Estoy de acuerdo en que los seguros son caros, pero para eso están las finanzas y tu capacidad para calcular los costes de tus productos y servicios. Tus precios de venta tienen que ser capaces de cubrir estos seguros y, además, dejarte buenos beneficios.

Previsión económica y reservas financieras

Uno de los primeros consejos que doy a los empresarios es que construyan cuanto antes una reserva económica que les permita mantener la actividad durante un tiempo si ocurre cualquier eventualidad.

Yo disponía de ese fondo de reserva. En el peor de los casos, podía aguantar un año entero sin facturar y seguir cumpliendo con todos los costes fijos y los pagos. Es algo que hay que adaptar en función del tipo de negocio, pero aconsejo un mínimo de seis meses de autonomía.

¿Podría tu empresa aguantar seis meses sin facturar?

Te pongo otro ejemplo, muy habitual: te ves en la tesitura de tener que despedir a un empleado por el bien de la empresa. Esto implica pagar un finiquito y, a veces, una indemnización. Una suma que, si no está prevista, puede descapitalizarte. Esa situación puede forzarte a tomar decisiones perjudiciales para tu negocio, como replantearte ese despido a costa de hacer más ineficiente tu empresa. Y todo porque no tienes una reserva económica.

Me consta que muchos empresarios no hacen este tipo de previsiones. Piensan: «Eso a mí no me va a pasar».

Error.

Mi consejo es que lo consideres. Empieza con una reserva para tres meses y amplíala en la medida de tus posibilidades. Yo aconsejo siempre generar tres tipos de reserva:

1. **Un fondo específico para apartar el dinero de los impuestos** (IVA, IRPF, Impuesto de Sociedades), algo predecible pero que algunos empresarios solo tienen en cuenta en el último momento. Aparta ese dinero y siempre tendrás disponible la cantidad que debes aportar a tu *socio*, la Agencia Tributaria.

2. **Un fondo para cuestiones extraordinarias,** como un despido, una reparación inesperada, una compra urgente, etc.

3. **Un fondo para invertir en formación,** para ti o para tu equipo. La formación continua es una garantía para continuar mejorando y creciendo.

Trata de tener este tipo de colchones. Lo agradecerás.

Crea un equipo con talento

El equipo humano de tu negocio es el mayor activo de tu empresa: cuida su calidad y su durabilidad.

En una empresa hay que invertir en instalaciones, maquinaria, equipos informáticos, *software*, servicios, etc. Pero, sin duda, la mejor inversión —y la más rentable a corto y largo plazo— es la creación de un equipo humano con talento.

Sé que no es fácil encontrar personas trabajadoras dispuestas a sentir la empresa como suya y sudar la camiseta como si fuese su propio negocio. Aun así, es tu responsabilidad crear un equipo cohesionado y alineado con los valores de tu proyecto.

¿Cómo? Amplía tus miras. Los tiempos han cambiado y, además de las condiciones económicas, el salario emocional también es importante. ¿Qué más le puedes ofrecer a ese trabajador que es valioso para tu empresa? ¿Qué cosas valora, incluso más que el dinero?

A veces, simplemente se trata de liberar unas horas para que pueda ir a buscar a su hijo al colegio. O poder optar al horario intensivo para ir al gimnasio. Son aspectos importantes para las personas que no cuesta tanto contemplar y que mejoran mucho la calidad de vida.

Estas y otras cuestiones son clave para retener a los buenos trabajadores.

He visto empresas que se han hundido por tener malos empleados o por ir perdiendo a los buenos poco a poco, por no cuidarlos de la forma adecuada. Y eso no te lo puedes permitir.

Tus trabajadores son los que llevarán el timón cuanto tú no puedas estar. Son las personas en quienes confías y en las que vas a delegar tareas importantes. Te ayudarán a crecer y llegar más lejos de lo que nunca te habías imaginado. Es tu responsabilidad cuidarlos.

Cuando sufrí el accidente, tenía claro que mi equipo estaba preparado para funcionar sin mí. Aunque más adelante tuve que hacer algunos ajustes, de los que luego hablaré, ya contaba con un grupo de personas capaces de continuar la actividad aunque yo no estuviese presente.

Y no pienses solo en algo desafortunado, como un accidente. Hay muchos motivos por los que puedes necesitar retirarte durante un tiempo. Sin ir más lejos, unas merecidas vacaciones. ¿Podrías concedértelas?

Finalmente, me gustaría que te hicieses estas tres preguntas. Si tú desaparecieses de escena durante tres meses…

- ¿Qué consecuencias tendría para tu empresa?

- ¿Qué supondría para ti ver lo que puede ocurrirle a tu negocio?

- ¿Qué puedes hacer hoy para que el impacto fuera nulo o el mínimo posible?

Reflexionar sobre estas preguntas te motivará para buscar soluciones y pasar a la acción.

Testamento: ¿qué va a pasar cuando tú no estés?

Un empresario debe tener todo previsto, también su testamento. Mi caída podía haber terminado de una forma mucho peor. Afortunadamente, aquí estoy contándolo, pero ¿y si el desenlace hubiera sido otro? Era mi obligación tener todo organizado. Y lo tenía, así que también estaba tranquilo por esa parte.

Debes pensar en ello tú también. En caso de fallecimiento, ¿qué ocurrirá con tu empresa? ¿Cómo se repartirán las acciones? ¿Qué desearías que hiciesen los que te suceden? Piensa en todo lo relativo a tu familia, hasta los aspectos más prácticos. ¿En qué situación económica quedaría tu pareja? ¿Podrán tus hijos pagar sus estudios o seguir asistiendo a sus actividades extraescolares?

Reflexiona tus opciones con calma. Habla con tu notario de confianza sobre este tema: él es quien mejor te puede aconsejar para dejar un testamento claro, justo y que te permita dormir como un lirón.

2

¿QUÉ HE HECHO YO PARA MERECER ESTO?

«En medio del invierno, aprendí por fin que había en mí un verano invencible».

—ALBERT CAMUS

Tres días tardé en entrar a quirófano. Tres días que pasé inmovilizado y a base de calmantes.

La operación requería coordinación y trabajo en equipo por parte de los profesionales de traumatología, que no pudieron reunirse para trazar la estrategia hasta la vuelta de las vacaciones. Hasta entonces, el hospital estaba bajo mínimos.

Finalmente, entré en quirófano a las ocho y media de la mañana del miércoles y salí a las cuatro de la tarde. Por la duración puede adivinarse que fue una intervención complicada.

La primera noche de postoperatorio no pude dormir, y eso a pesar de que estaba fuertemente sedado. Le había dicho a mi esposa que no quería que se quedase, no era necesario que pasáramos los dos una mala noche. Los calmantes me habían sumido en un sopor extraño que me hacía estar amodorrado pero consciente, de una forma vaga y lúcida a la vez. La pierna escayolada, la incomodidad de la sonda, la mente a mil por hora...

Fue una noche muy larga.

Me sentía impotente, expuesto, vulnerable, lidiando con una situación que, por momentos, amenazaba con desbordarme. En más de un momento se me cayó alguna lágrima mientras trataba de tomar el control de mis pensamientos. «Miquel, tú siempre hablas de ver el vaso medio lleno, de centrarte en la parte buena de las cosas... Piensa en positivo». Pero lo positivo no aparecía por ningún lado.

Sabía que no debía centrarme en el dolor, pero el dolor lo llenaba todo. Esas primeras horas fueron desesperantes.

A la mañana siguiente, pasaron a verme los traumatólogos. Dijeron que todo había ido bien, que me habían puesto clavos y una placa. También me injertaron hueso para rellenar y elevar la meseta tibial. A partir de ahí, tenía que ir despacio para dejar que la cadera se asentase. En aquel momento calcularon unas cinco semanas.

—Imagina que tu rodilla ahora es de plastilina. Tiene que solidificar antes de que puedas poner peso sobre ella, y para eso necesita tiempo.

Si me adelantaba, me advirtieron, esa *plastilina* se hundiría y probablemente me quedaría una cojera de por vida.

Como la idea de quedarme cojo no me pareció particularmente atractiva, dije a todo que sí y me pude ir a casa.

Estaba ilusionado por poder salir del hospital. Tenía el convencimiento de que, en mi entorno, todo sería más fácil. Me instalé en la sala de estar, tan llena de luz como siempre. Me acomodé en mi sofá, tan cómodo y adaptable... ¡Estaba de vuelta! No podía sentirme más animado.

Pero la alegría fue breve. Cuando quise ir a la habitación usando la silla de ruedas, el efecto de los calmantes se había terminado y el dolor regresó como un tsunami.

No podía moverme. Trataba de desplazar un poco la pierna y el dolor me frenaba en seco. Jamás había padecido un tormento como ese, ni los días anteriores. Cerraba los ojos y gritaba. Y, a la vez, me desesperaba porque no quería que el dolor me hiciese perder el control. Mi mujer estaba a mi lado, y me sabía muy mal por ella, porque también sufría viéndome así y sin poder hacer nada que me aliviase.

Y es que, en realidad, ¡solo había pasado veinticuatro horas en el hospital tras la operación!

Lamentablemente, en los últimos años la situación de la sanidad pública ha empeorado y se nota que hay menos recursos. No tiene que ver con la profesionalidad de los doctores o el buen trabajo de las enfermeras, sino con la falta de medios para, quizá, prolongar un poco más el ingreso y hacer después un seguimiento más eficiente.

Los calmantes que me habían recetado no estaban siendo suficientes. Por la noche, no pegamos ojo ninguno de los dos. Ni esa primera noche ni las dos siguientes. Era insoportable. Si me miraba al espejo, a duras penas me reconocía; tenía el gesto desencajado. Me sentía agotado y fuera de mí. «¿Esto va a poder contigo, Miquel?», me preguntaba.

Tres días con sus tres noches pasé —pasamos— así, hasta que alguien me recordó:

—¿Tú no eres amigo de Josep Lloveras, el traumatólogo? ¿Por qué no le llamas?

¡Me había olvidado! Tan concentrado estaba en aguantar, que no recordaba que había hablado con él el primer día. Llamé, le conté lo que estaba pasando y me dijo lo que necesitaba oír:

—Te veo mañana a primera hora.

A las siete y media de la mañana siguiente estábamos mi mujer y yo en su consulta. Fue un enorme esfuerzo acudir, pero resultó ser la decisión correcta.

Después de examinarme, me dijo que no sabía cómo había aguantado tres días en esas circunstancias. No estaba bien, hasta el punto de que podía haber tenido complicaciones muy severas.

—Te vamos a ingresar, Miquel.

Mi primer pensamiento fue: «¡Imposible!». Esa tarde tenía programada una reunión *online* con un grupo de empresarios. Ni se me había pasado por la cabeza cancelarla. No podía ser, y así se lo dije:

—No puedo quedarme, esta tarde tengo una reunión.

En ese momento noté la mirada de mi mujer. No dijo ni una palabra, no le hacía falta. Yo no necesitaba girar la cabeza para tener la certeza de que, de haber podido, me habría fulminado. Cuando el doctor, que no hizo caso a mi negativa, salió un momento para dar instrucciones, mi mujer me dijo:

—Ni se te ocurra decir que no. Te quedas. Después de los tres días que has pasado…, ¿vas a poner por delante una reunión *online*?

Aunque conocía la gravedad de la situación, todavía no había asimilado su alcance. No es lo mismo saberlo que interiorizarlo, aceptarlo y hacer los ajustes necesarios.

Es verdad que el trabajo tiraba mucho de mí, me costaba ceder. Yo les digo a los empresarios que sepan establecer prioridades y no se dejen arrastrar, pero en ese momento reconozco que reaccioné como esos médicos de antaño, que te recomendaban dejar el tabaco mientras se fumaban un puro en la consulta. Menos mal que en ese momento mi mujer tuvo sentido común por los dos.

Cuando el doctor regresó, ya no tenía ni un solo *pero*. Quedarse era lo sensato, e ingresé en la clínica Salus Infirmorum de Banyoles.

Enseguida me acomodaron en una habitación agradable y cómoda. Me pusieron la vía con la medicación y, al cabo de un rato, empecé a encontrarme mucho mejor. El doctor me había pautado morfina y, a medida que hacía efecto, el dolor se iba difuminando. Me sentía más ligero, descansado. Literalmente, me estaba sacando un enorme peso de encima.

El caso es que, en cuanto me sentí mejor, mi mente empezó a buscar la forma de mantener aquella reunión. La hora se acercaba y, tal como me encontraba, no me parecía en absoluto descabellado. Así que ¿por qué no?

Quizás pueda resultar un poco chocante que, en semejante estado, tuviese la mente pendiente de aquella videoconferencia. Podría haberla cancelado, había un motivo de fuerza mayor, pero mi compromiso con aquellas personas tiraba de mí más que las ganas de descansar.

Por otra parte, era una reunión que llevaba un tiempo convocada, y soy consciente de lo que le cuesta a un empresario encontrar una hora para sí mismo o para seguir una formación. Además, el hecho de que el problema estuviese localizado en la pierna, es decir, en un lugar que no sería visible en la videollamada, me daba confianza.

Lo tenía todo bien controlado. En ese momento (benditos sean los calmantes) me sentía optimista y con fuerzas para casi cualquier cosa.

Me incorporé un poco. Desenfoqué el fondo para que no se distinguiesen los artilugios de enfermería. Solo se me veía a mí, que me encontraba animado y en excelentes condiciones. Finalmente, tuvimos la reunión con total normalidad. Solo cuando terminamos les dije:

—Por cierto, ¿sabéis dónde estoy?

Y entonces quité el filtro de desenfoque, vieron el fondo y ¡alucinaron!

—Pero, Miquel, ¿qué ha pasado?

Y charlamos un rato sobre lo sucedido. Los clientes de mis formaciones, al final, acaban siendo amigos. Compartimos muchas horas de formación, evolución y vivencias. Con frecuencia son procesos intensos, y es normal que se creen lazos.

Esa tarde, la primera de los dos días que pasé ingresado, por fin pude descansar de verdad. La morfina me había liberado de toda la presión que sentía en la pierna, estaba en una habitación solo, con mi mujer, con un servicio de enfermería estupendo. Incluso tuve ánimos para recibir a un par de amigos que vinieron a visitarme.

Me sentía optimista por primera vez desde el accidente. Parecía que, por fin, todo empezaba a encarrilarse.

En tu empresa

Ante una situación de crisis, cuando parece que el suelo se hunde bajo tus pies, hay que buscar dónde apoyarse.

Y, para eso, es importante tener una mente entrenada en la positividad y la búsqueda de soluciones. No es algo que se consiga en un día, sino que es fruto de una actitud constante, que trata de ver siempre el lado bueno en las situaciones cotidianas.

Que tu actitud ante una contingencia sea positiva y no derrotista aumenta tus posibilidades de salir adelante. Enfocar las vivencias duras como parte de tu crecimiento personal señala que eres una persona dispuesta a aprovechar los aprendizajes de la vida.

Trabaja en esta dirección y, el día que haya un imprevisto grave, tu mente buscará la luz en medio del caos. En paralelo, aplica en tu empresa estrategias que te permitan ir mejorando progresivamente, de forma sistematizada.

Aplicar esa combinación de actitud más sistemas de trabajo te ayudará a remontar en momentos difíciles.

Busca razones para la felicidad

Tras mi accidente, a pesar del escenario incierto que tenía por delante, yo quería sentirme feliz. De hecho, me sentía feliz.

Feliz por estar vivo, por estar acompañado de mi esposa, por haber compartido un rato con mis clientes en videoconferencia, por haber recibido la visita de amigos, por estar bien atendido, por haber podido contar con la ayuda del doctor Lloveras…

Quiero decirte con esto que en cualquier escenario hay razones para sentirse feliz, solo hay que buscarlas y poner el foco en ellas.

¿Qué es ser feliz? Haz esa pregunta a muchas personas y verás cómo cada una te da una respuesta diferente. ¿Por qué? Porque la felicidad es relativa. Cada persona vive y siente la felicidad de forma diferente. Los años y el tiempo te ayudan a tomar conciencia de que realmente las cosas que te hacen sentir feliz no se pagan con dinero.

No digo que el dinero no sea importante. Lo es, ¡y mucho! El dinero es fundamental para tener una vida más equilibrada. Te lo digo de otro modo: conseguir que el dinero no sea una preocupación te proporciona calma emocional y libertad para construir la vida que deseas. Por tanto, tu mentalidad como empresario debe ser generar dinero; cuanto más, mejor.

Dicho esto, te invito a reflexionar sobre lo que realmente es para ti ser feliz. Creo que te darás cuenta de que con menos puedes ser más. De que la felicidad está en tu interior. De que ser feliz depende de tu predisposición para ello.

Y si hablamos de tu empresa, lo mismo. Celebra que te ganas bien la vida, que tu negocio genera beneficios y te da unos dividendos en forma de tiempo para ser libre y hacer lo que quieras. Celebra que cuentas con un equipo fantástico para poder delegar, que tus clientes confían en ti, que tus proveedores colaboran para la buena marcha de tu negocio, que los bancos aprecian tu gestión y te ayudan en la parte financiera… Busca tus propias razones para sentirte feliz.

Te sentirás realizado cada día y disfrutarás de la vida de forma consciente.

Cuida las relaciones

El doctor Lloveras, a quien acudí cuando estaba desesperado por el dolor, es un excelente traumatólogo y un gran amigo.

Pero, además, es compañero del Rotary Club Banyoles, una entidad en la que participo desde hace años como una forma de colaborar con la comunidad, apoyando diferentes tipos de proyectos.

Por si no conoces esta organización, te cuento que Rotary es una red internacional con más de un siglo de trayectoria, formada por 1,4 millones de personas. Somos empresarios, amigos, líderes que ofrecemos nuestras habilidades y recursos a la comunidad con la idea de generar un cambio. Queremos poner nuestro grano de arena, tomar acción y dejar detrás de nosotros un mundo mejor.

Tanto en el Rotary como en otros contextos, a lo largo de mi vida siempre he procurado cultivar y cuidar las relaciones. Gracias a eso tengo una importante agenda de contactos que, en ocasiones como esta, me pueden ayudar a salir de un apuro. Mi amigo el doctor no dudó en echarme una mano cuando lo llamé, y se lo agradezco infinitamente.

Pero eso no surge de la nada, sino de una disposición o actitud ante la vida. Creo muchísimo en la importancia de cuidar las relaciones personales, en sus diferentes contextos. Es más, me parece algo fundamental en un momento en el que la digitalización de muchas actividades hace que el contacto personal vaya quedando en un segundo plano.

Frente a eso, reivindico el potencial de las relaciones humanas: tener unos minutos de charla con una persona, preocuparse por alguien que sabes que ha tenido un problema, darse un tiempo para tomar un café con ese colega al que no ves desde hace un tiempo e interesarte por cómo va todo... Y también prestar ayuda cuando está en tu mano hacerlo.

Esa actitud vital pone en marcha mecanismos naturales de respuesta. Así, si en un momento determinado eres tú quien necesita algo, ten por seguro que alguien estará ahí para ayudarte.

Tu empresa, con MIMO

Los empresarios debemos tener una capacidad camaleónica para adaptarnos a los cambios, tanto en los negocios como en la vida.

En ese sentido, no somos funcionarios. Sin ánimo de restar mérito a los empleados públicos, ya que también tienen que actualizarse, creo que las adaptaciones que debe hacer un empresario son mucho más exigentes, simplemente porque de nosotros depende la facturación, y de la facturación depende la viabilidad de nuestra empresa.

Por eso voy a facilitarte una metodología de mejora continua que yo aplico personalmente y que enseño a mis clientes. MIMO es el acrónimo de cuatro conceptos:

- **Mantener:** cada semana, analiza y anota qué acciones has desarrollado o qué decisiones has tomado, y quédate con aquellas que te han dado buenos resultados. Puede ser desde la forma de negociar con un proveedor hasta un cambio implementado en el servicio que ofreces. Si el resultado ha sido satisfactorio, mantenlo.

- **Incorporar:** en función de los resultados que hayas obtenido manteniendo esas buenas decisiones, decide cuáles debes incorporar a tu estrategia empresarial para mejorar la dirección y rentabilidad de tu negocio.

- **Mejorar:** revisa las acciones o las decisiones que has incorporado y trata de darles una vuelta más. El método es prueba-acción. Los resultados te indicarán si estás en el camino correcto o hay margen de mejora. Fíjate en los detalles, por insignificantes que parezcan. Siempre se puede optimizar.

- **Omitir:** tras mantener, incorporar y mejorar lo que funciona, detecta lo que no funciona y bórralo de la ecuación. Conservar prácticas que no aportan nada te hará perder tiempo y dinero.

Lo comprenderás mejor con un ejemplo real.

Un cliente, propietario de varias panaderías, quiere lanzar al mercado un nuevo producto y necesita saber su coste real. Me cuenta su proyecto y me explica cómo lo está calculando, para que le enseñe a mejorarlo aplicando el método MIMO.

Partiendo de los cálculos que ha hecho, esto es lo que le propuse Mantener, Incorporar, Mejorar y Omitir:

Mantener la relación de cantidades y precios de coste de todos los ingredientes que había utilizado en la elaboración del producto.

Incorporar la medición exacta de los tiempos de producción en el obrador, es decir, cuánto tiempo le lleva a un trabajador elaborar el producto. También debe controlar y calcular el coste de este trabajador (sueldo, seguridad social) durante el tiempo que dedica a preparar ese nuevo producto.

Mejorar las mediciones, tanto de los ingredientes que necesita el producto como de los tiempos de elaboración. Debían ser cien por cien precisas. Una vez mejoradas esas mediciones, es necesario dejarlas por escrito, para tener un buen escandallo de ingredientes y costes. Por otra parte, dejar constancia del coste de la mano de obra es útil para compararlo con futuras mediciones cuando ya se tenga más experiencia con el producto.

Omitir o sacar de su mente esa idea de calcular el coste del producto por encima, basándose solo en su intuición o experiencia. La falta de rigurosidad y concreción con los cálculos solo trae errores y posibles pérdidas.

¿Lo ves mejor ahora? Aplicando este método se consigue mejorar cualquier proceso. Te recomiendo que lo pongas en práctica y anotes los avances (¡sí, escribir es importante!). Una vez al mes revisa lo escrito y valora dónde estabas y adónde te ha llevado para ser consciente de los cambios. Verás cómo te sorprenden.

Aplicar este método te permitirá elevar la calidad de la gestión de tu negocio. ¿Por qué? Porque implica la aplicación de tres grandes valores que deben acompañarte siempre: disciplina, perseverancia y paciencia.

Ponlo en marcha con consciencia y te transformarás en un mejor empresario.

3

DARWIN AL RESCATE: ADAPTARSE PARA SALIR ADELANTE

«No es el más fuerte el que sobrevive, ni el más inteligente, sino el que mejor se adapta al cambio».

—CHARLES DARWIN

Cuando volví a casa, tras aquellos dos días de ingreso en la clínica, buena parte del optimismo que había acumulado se volatilizó. Tuve que respirar hondo y mentalizarme de que tenía por delante una recuperación larga que me iba a poner a prueba.

Era consciente de que mi actitud iba a ser determinante, y que me iban a servir de mucho las herramientas de gestión emocional que había adquirido a lo largo de la vida, así como los muchos libros que había leído sobre crecimiento personal.

Curiosidades de la vida, justo estaba leyendo un libro del doctor David Hawkins que se titula *Dejar ir.* Hawkins, que es psiquiatra, explica la importancia de dejar atrás emociones como la ira, el miedo o el rechazo para alcanzar la paz mental y facilitar la curación.

Por tanto, puse fin a todo aquello que me podría boicotear. Se acabaron la rabia y el enfado. Comenzó la aceptación.

Quise centrarme en lo positivo. El dolor estaba mucho más controlado, lo que me permitía dormir (y dejar dormir). Al descansar mejor, desapareció la crispación de los primeros días. Un gran avance.

Pero había muchísimas cosas que no podía hacer. Tuve que adaptarme para resolver situaciones cotidianas que se habían convertido en un desafío.

Por ejemplo, tenía que ducharme sentado. Con mucha paciencia, me iba aseando por partes, teniendo cuidado de no hacer movimientos que pudieran lastimarme. Tampoco podía afeitarme la cabeza como hacía habitualmente, porque necesitaba mirarme en el espejo y desde la silla de ruedas no llegaba. Lo solucioné con una nueva máquina eléctrica de cuatro ruedecillas que podía manejar a ciegas.

Así, fui haciendo pequeñas adaptaciones para intentar gestionar lo mejor posible mi día a día.

Pero, aunque podía hacer algunas cosas solo, con otras experimenté lo que es ser una persona temporalmente dependiente. Era algo que no me había planteado antes y que tuve que asimilar. Dejé de ser autosuficiente, y mentiría si dijese que lo encajé a la primera.

El hecho de precisar asistencia hasta para mis necesidades fisiológicas fue una experiencia que me hizo ver que, a veces, la teoría y la práctica no van de la mano. De manera teórica, sabía que lo natural en esa circunstancia era dejarme ayudar (además, ¿qué otra cosa podía hacer?). Fue mi mujer quien estuvo pendiente de mí esos días, y tengo claro que yo habría hecho lo mismo si la situación fuese a la inversa, desinteresadamente y con todo el cariño del mundo.

Pero la mente puede jugar malas pasadas, y me afectó verme impedido para algunas tareas. Era un rol en el que no me reconocía. ¿Qué había pasado? Tan solo unos días antes me sentía fuerte, lleno de energía, en una muy buena forma física para mis años. Y de pronto me vi mayor, frágil, con un cuerpo que ya no se recuperaba como cuando tenía treinta años y un proceso por delante que, en días malos, se me hacía muy cuesta arriba.

Asumirlo no fue fácil, pero sabía que caer en ese tipo de desánimo no era positivo para mí, así que puse enseguida mi cerebro en *modo-adaptación* para tratar de arañar toda la autonomía posible, mientras me dejaba ayudar en todo lo demás, con mi mejor actitud.

Me di cuenta de la importancia de desarrollar estrategias de afrontamiento y resiliencia para encarar situaciones adversas. Está claro que quienes pueden adaptarse eficazmente a su nueva circunstancia, sin oponer una resistencia absurda, llevan ventaja.

Además, ¿de qué me serviría rebelarme contra el hecho de tener que asearme sentado y tardar cuatro veces más tiempo? ¿Arreglaría algo? Sin embargo, esa obstinación sin sentido a veces se presenta. Dejarse llevar por ella solo conduce al enfado y a la frustración. Y yo no quería que eso sucediese.

Con todo, me di cuenta de lo enormemente afortunado que soy por muchas razones. Por ejemplo, por vivir en una casa confortable, en un entorno que me agrada. Quizá para otras personas no sea importante, pero a mí me alegra la vida levantarme y ver amanecer, disfrutar del sol o escuchar a los pájaros. Siempre lo he apreciado, pero llegó a emocionarme en esos días en los que mi lesión no me permitía más que salir al jardín a llenarme de energía.

Reconozco que soy afortunado, pero también sé que no es casualidad, sino fruto del trabajo y de todas las pequeñas (y grandes) decisiones que he ido tomando a lo largo del tiempo.

Elegimos a la persona que queremos como compañera de vida. Elegimos cómo queremos dirigir nuestra empresa y de qué manera prepararnos para afrontar todo tipo de situaciones. El lugar que habitamos es también una elección, reflejo de cómo somos y de lo que nos hace felices.

¿Eres tú consciente de que con las decisiones que tomas hoy estás creando tus circunstancias de mañana?

En tu empresa

Cuando sobreviene una crisis, es fundamental no perder tiempo. Adaptarse rápido es la forma de empezar a salir adelante.

Ya lo dijo Darwin: quienes sobreviven no siempre son los más fuertes, sino los que más rápido se adaptan. Debes ser ágil para buscar rápidamente aquellas adaptaciones que te van a facilitar el día a día.

La importancia de la adaptación al entorno y a las nuevas circunstancias es crucial en todos los contextos, y no solo requiere cambios organizativos, también hay que hacer los ajustes emocionales, psicológicos y sociales que sean necesarios para afrontar las situaciones difíciles.

En tu empresa, la herramienta MIMO que te facilité en el capítulo anterior te permitirá hacer una adaptación suave, continua y creciente hasta donde te sientas cómodo y tranquilo.

Acepta (cuanto antes) la situación

Un consejo: no te desgastes batallando contra lo que ya no tiene remedio.

He leído en numerosos libros, tanto de empresa como de crecimiento personal, que no hay que preocuparse, sino ocuparse. Y lo comparto al cien por cien.

Lo que ha pasado ya es historia, nada puede hacer que cambie. Lamentarse no conduce a nada útil y puede meterte en un pozo del que te va a costar mucho salir.

Asume que en tu negocio seguramente vas a vivir todo tipo de problemas:

- Con tus clientes, que dejan de pagar alguna factura poniendo cualquier excusa.

- Con tus proveedores, porque han tenido una incidencia y te dejan colgado, sin servirte un producto que necesitas.

- Con los autónomos que contrates, porque no están comprometidos con tu empresa, y menos con los problemas que se puedan generar.

- Con ese empleado que hoy no ha venido a trabajar porque estaba enfermo pero por la tarde se va al gimnasio.

- Con los bancos, porque han tenido un error informático y han devuelto el recibo de un proveedor diciendo que no había saldo...

¿Te suenan estas situaciones? Son el día a día de quien tiene una empresa. Así es la realidad, de modo que acéptala como un aprendizaje continuo que te hará crecer.

Otra cosa es preocuparse por buscar y poner soluciones. Si te formas en gestión y dirección de empresa, y si te dejas ayudar, muchos de estos problemas cotidianos disminuyen o desaparecen.

Visualízate en la meta

Siempre digo que los empresarios somos grandes solucionadores de problemas.

A veces la misma vida ya nos pone delante los pasos que hay que dar, pero en otras ocasiones tenemos que buscar opciones, ser creativos e incluso tener capacidad para improvisar medidas diferentes con los recursos disponibles.

Una metodología que aplico para buscar soluciones es la visualización.

La visualización consiste en crear una imagen mental clara y detallada de ti mismo pasando a la acción de manera eficiente y logrando tus metas.

Yo me marco como objetivo encontrar una solución y me visualizo a mí mismo con ese problema ya resuelto o con ese objetivo ya alcanzado.

Es decir, trabajo mentalmente visualizándome liberado de los problemas que me encuentro por el camino o aplicando soluciones para conseguir mi objetivo. Para ponerme en situación me hago preguntas como estas:

- ¿Cómo me siento?

- ¿Cómo me veo?

- ¿Cómo he logrado solucionarlo?

- ¿Qué problemas me he encontrado?

- ¿Qué he aprendido?

Es un ejercicio para incentivar la creatividad y que la mente vuele, por eso me ayudo de sensaciones que me transporten a ese lugar con el mayor realismo posible:

- ¿A qué huele?

- ¿Qué veo a mi alrededor?

- ¿Cómo es la luz?

- ¿Qué temperatura siento en mi cuerpo?

Cuando paso a la acción, haber realizado antes este ejercicio me permite resolver rápidamente problemas que se me plantean y para los cuales ya había visualizado la mejor solución.

En los deportistas de élite, la visualización tiene un papel clave para el éxito. La utilizan en sus entrenamientos, ya que les ayuda a tener más confianza, motivación y a perfeccionar estrategias. Incluso les permite adelantarse a los problemas que les puedan surgir en su competición.

Pruébalo. Está demostrado que trabajar con la visualización ayuda a desarrollar estrategias para solucionar problemas de todo tipo, incluso aquellos que existen solo en tu mente.

Crea tus circunstancias

Hay quien dice que somos lo que comemos. A mí me gusta decir que somos lo que creamos.

Es fundamental que, a lo largo de tu trayectoria empresarial, vayas eligiendo muy bien los ladrillos con los que construir tu vida. Pregúntate:

- «¿Qué quiero ser *de mayor* como empresario?».

- «¿Dónde quiero posicionar mi empresa?».

- «¿Qué siento que debo hacer para crear unas circunstancias favorables que me lleven a conseguir lo que quiero?».

Es un trabajo a largo plazo, pero el tiempo pasa rápido y cada decisión condiciona la siguiente. Asegúrate de que tus pasos te conducen hacia donde quieres ir y no hacia un punto que, con el tiempo, no te aportará satisfacciones.

Con esto me refiero a cosas tan básicas como construir tu hogar en el lugar adecuado y rodearlo, poco a poco, de los elementos que te dan felicidad. Es decir, si necesitas vivir al lado del mar, no construyas tu hogar tierra adentro. Entiéndelo de forma metafórica y adáptalo a tus preferencias y necesidades.

La dinámica profesional impone muchas veces condiciones que no están alineadas con aquello que nos da bienestar. Pero a medio o largo plazo siempre es posible ir modificando las circunstancias para conducirlas a donde queremos.

4

SUPERMAN NO EXISTE

«Ser vulnerable no es una debilidad; es la mayor muestra de coraje».

—BRENÉ BROWN

¡Y yo que creía que podía con todo!

Una de las cosas que este proceso me puso delante y que más me costó asimilar fue mi propia vulnerabilidad.

Siempre he sido una persona autosuficiente. Llevo toda la vida trabajando, he constituido más de cincuenta empresas, entre las que he creado para mí y las que he ayudado a crear para mis clientes. Estoy acostumbrado a tomar decisiones y ejecutarlas.

Pensaba que mi determinación y mi experiencia eran la fórmula para poder con todo.

Aun así, para reforzar mis capacidades, llevo años haciendo un trabajo de crecimiento personal. Me preocupa ser mejor en todo aquello que esté en mi mano. Cuido mi cuerpo con rutinas saludables, una buena alimentación y ejercicio: gimnasio, ciclismo, natación... Regularmente, nado en el lago de Banyoles, haga buen o mal tiempo. Durante todo el año me doy baños de agua fría para activar el cuerpo, y practico el método Wim Hof, con el que he aprendido a sumergirme en agua helada y tolerar las bajas temperaturas. Me gusta asumir nuevos retos.

Teniendo en cuenta que uno va cumpliendo años, puedo decir que me encontraba muy bien, fuerte, con una gran capacidad funcional y una salud razonablemente buena, muy lejos de las limitaciones o dificultades que ya voy viendo a mi alrededor en colegas de mi edad.

También practico meditación, pilates y yoga, lo que me ha ayudado a mejorar la gestión de las emociones. Entreno mi fortaleza mental de forma consciente. Leo muchísimo, exploro todo aquello que creo que puede ayudarme a ser mejor persona.

Todo ese trabajo me ha aportado muchas herramientas para afrontar las cuestiones personales y profesionales. También me permite asesorar a otros empresarios sobre la forma de enfocar el negocio y la vida, algo que para mí es indivisible.

Cuento todo esto para poner contexto: yo creía que podía con lo que me pusieran por delante. Que era un poco un supermán, vaya.

Hasta que llegó el accidente.

Una vivencia intensa te remueve hasta los cimientos y pone a cada uno en su lugar. En mi caso, me mostró una vulnerabilidad que desconocía y que tuve que aceptar.

Afortunadamente, mi mujer siempre ha estado al pie del cañón, apoyándome en este proceso como lo ha hecho durante los más de treinta y cinco años que llevamos juntos. Yo sé que haría lo mismo si la situación fuese a la inversa, pero no deja de emocionarme la paciencia, el cuidado y el mimo que puso para hacer que todo fuese lo más llevadero posible.

De modo que, si en este libro no la nombro más, es por respeto a ella, que siempre prefiere quedarse en el *backstage*. Es una persona tímida, no le gustan los focos. Aun así, le debo este pequeño reconocimiento. Ella sabe bien cómo ha sido todo de puertas adentro y no puedo estar más agradecido por cómo me ayudó a pasar el trago.

Porque la realidad es que, en esos días, yo era incapaz de salir adelante solo. Tuve que reconocerlo, asimilarlo y aceptarlo.

En este proceso aprendí que era importante ser consciente de esa vulnerabilidad, una palabra que antes nunca me había permitido contemplar. Supongo que por la misma razón por la que tampoco me había permitido llorar, ni decir en alto que estoy en un mal momento o que no me encuentro con fuerzas...

Ese tipo de «debilidades», y lo pongo muy entre comillas, están vetadas a los empresarios hombres de mi entorno o de mi generación; no tanto en las empresarias mujeres, probablemente por razones culturales o de educación.

He visto a muchos empresarios pasándolo mal sin mostrar jamás una palabra de desaliento, cansancio o debilidad. O hacerlo de tapadillo, rápido, como quien confiesa algo que está mal. Y no, no está mal. Es normal sentir cansancio, admitir que una situación nos está superando o que necesitamos un respiro porque ya no podemos más.

Mi accidente puso ante mis ojos la realidad: todavía había muchos campos en los que me creía un supermán, y tuve que hacer ajustes.

En tu empresa

¿Cuántas veces habré hablado yo del miedo del empresario? Muchísimas.

¿Y cuántas veces he enseñado a otros a superar esos miedos, por los que yo mismo he pasado? Tantas veces como ha sido necesario, con empresarios dispuestos a dejarse ayudar.

Es muy habitual, cuando se lidera una empresa, tener miedo a la incertidumbre, a no saber si se cobrará a tiempo aquella factura necesaria para pagar los sueldos, o si habrá suficiente dinero para pagar el IVA y el IRPF a Hacienda, o qué va a pasar con ese préstamo que ya acumula un retraso de tres recibos…

Y a esos miedos hay que sumarle los de índole personal. Hay empresarios que temen que su matrimonio fracase porque su pareja no entiende que se sacrifique tanto por la empresa y piensa que la familia queda abandonada o en segundo lugar. ¿Cómo no va a afectar ese temor al día a día?

Todos esos miedos, personales y profesionales, van haciendo mella y al final pasan factura.

Creo que, por eso, quienes lideramos una empresa tenemos muchas veces un excesivo afán de control. Detrás de ello está ese ánimo de superar los miedos internos que sentimos, a veces de forma subconsciente. Incluso aunque no sepamos reconocerlo, esos miedos están ahí: a quedarnos solos, a empobrecernos, a no ser reconocidos, a no ser amados, etc.

Y tendemos a pensar que podemos controlarlo todo.

Durante la recuperación de mi accidente, me costó asimilar que no tenía todo el control. Internamente, creía que, con mi determinación, con una mente positiva y en modo afirmación, con los medios de los que afortunadamente dispongo..., podía dominar cualquier tipo de situación. Y no, no siempre se puede.

¿Y sabes qué? No pasa nada.

No eres Superman

Si sobrevaloras tus fuerzas, te vas a quemar.

Te aseguro que he visto a empresarios quemarse por querer cargar con más peso del que podían. Han consumido su energía, la de sus empleados, la de su familia y también han acabado con la energía de sus clientes. ¿Resultado? La empresa ha ido a peor, e incluso en algún caso ha tenido que cerrar. Y todo por no ser capaces de medir las propias fuerzas o la propia capacidad.

Porque, ¿sabes?, no eres Superman.

Durante mi rehabilitación yo puse lo mejor de mí, me volqué con todas mis fuerzas, pero no fue suficiente. No conseguí marcar los tiempos de recuperación; lo hizo mi cuerpo, junto con los médicos y los fisioterapeutas. De algún modo, sobrevaloré mi capacidad. No te recomiendo hacer lo mismo.

¿Tuve miedo en algún momento? No te diré que no, pero recurrí a mi «caja de herramientas» interna y encontré la que necesitaba en un libro que leí hace un tiempo, titulado *El experimento rendición*, de un empresario llamado Michael A. Singer. Fue una lectura que me abrió los ojos a disfrutar de la vida desapegándome del resultado y viviendo el presente, lo que llamamos *el aquí* y *ahora*.

Y es lo que te recomiendo: el aquí y ahora. Eso no quiere decir que no puedas ir tomando pequeñas decisiones para reconducir una situación desfavorable, pero si partes de la realidad, poniendo los pies en la tierra, evitarás frustrarte con aquello que escapa a tu control.

En esos momentos difíciles de tu empresa es cuando la resiliencia florece y te inyecta la energía emprendedora que llevas en tus venas.

La resiliencia es tu aliada

En momentos de crisis, la resiliencia es la mejor compañera.

Resiliencia es, según el diccionario, la capacidad de adaptación de un ser vivo frente a una situación adversa. El significado del término ha ido variando ligeramente con el tiempo, en función de distintos factores, pero siempre alude a la capacidad de las personas para adaptarse ante situaciones difíciles, traumáticas o simplemente cambiantes.

Y, más allá de eso, implica la habilidad de mantener una actitud positiva para encontrar soluciones a los problemas y aprender de las experiencias desafiantes y retadoras. En psicología, es una de las claves del bienestar emocional de una persona.

Los empresarios debemos saber navegar en aguas turbulentas, resistir los cambios, aprender de las dificultades… En definitiva, hemos de ser resilientes y curtirnos en el arte de enfrentarnos a lo que se nos ponga por delante.

Pero la resiliencia no siempre significa ir de frente. También es aguardar el momento oportuno, encontrar formas creativas de manejar la dificultad o cambiar de dirección para evitar un problema. En el punto siguiente te enseño un método para hacerlo.

Toma decisiones con el método de las 3 C

A los empresarios a los que ayudo siempre les hablo de lo que yo llamo el *método de las 3 C,* un sistema muy práctico para tomar decisiones de empresa eficientes, utilizando la cabeza, pensando en la cartera y percibiendo con el corazón.

- **Cabeza:** ante una situación compleja o dolorosa, la decisión tiene que ser racional, consciente, lógica y razonable. Aplica el sentido común.

- **Cartera (o *cash,* o céntimos de euro):** ten siempre en cuenta la repercusión económica de tus decisiones, tanto en el mejor como en el peor escenario posible.

- **Corazón:** apuesta por los valores que están alineados con tu propósito en la vida y tus valores. Pregúntate: «¿Cómo te sienta esta decisión que vas a tomar? ¿Podrás dormir tranquilo por la noche? ¿Qué dice tu intuición?».

Hace un tiempo, uno de mis clientes quería ampliar su nave industrial para poder aumentar la producción de embutidos.

Eso le iba a costar, entre el nuevo terreno y la construcción, unos 500.000 euros. Ya teníamos los primeros 300.000, y para los 200.000 restantes negociamos con el banco una hipoteca a pagar en diez años.

Yo sabía que íbamos sobrados.

Pero unas horas antes de ir al notario a firmar la hipoteca, este cliente me llamó: «Quiero hablar contigo», me dijo.

Me explicó que no había podido dormir en toda la noche, dándole vueltas a la operación. No estaba a gusto con lo que habíamos decidido.

¿Y eso, por qué? Enseguida llegamos a la conclusión de que no habíamos tenido en cuenta una de las 3 C.

La primera C, la de la Cabeza, nos confirmaba que la operación era coherente, racional, razonable. Además, económicamente era muy viable.

En cuanto a la segunda C, la de la Cartera, también confirmamos que la decisión era buena, porque le sacaríamos una alta rentabilidad. Por la parte financiera, habíamos calculado que, con lo que ganaba cada año la empresa, el préstamo se pagaría mucho antes de los diez años previstos. Por esa parte también estaba todo en orden.

Pero quedaba la tercera C, el Corazón.

Mi cliente odia los bancos. En concreto, odia deber dinero. Está acostumbrado a pagar prácticamente al contado a sus proveedores; de la misma manera, también es muy exigente con el cobro a sus clientes.

Durante toda esa noche que pasó sin dormir, le dolía el corazón solo de pensar en esa hipoteca y en que iba a estar debiendo mucho dinero durante varios años. Se sintió muy mal.

Lo que sucedía es que, en nuestra decisión, habíamos subestimado el papel de esa C, la del Corazón, y fue justo esa la que se le «indigestó».

Lo comprendí al instante, llamé al director del banco y al notario, y anulamos la operación.

Al cabo de cuatro años, mi cliente pudo llevar a cabo esa ampliación que habíamos proyectado, pero pagándolo todo al contado. Y no hubo ningún problema.

La conclusión de todo esto es que, para tomar buenas decisiones, las 3 C deben estar alineadas y ser razonablemente satisfactorias.

Te recomiendo tomar tus decisiones basándote en este análisis reflexivo, te evitará muchos problemas.

5

LA REHABILITACIÓN, MI MARATÓN PERSONAL

«La vida es como montar en bicicleta. Para mantener el equilibrio, debes seguir adelante».

—ALBERT EINSTEIN

Durante el tiempo que pasé en casa, ocupado con mi rehabilitación y sin hacer apenas nada más, ¿crees que me aburrí? Ni por un momento. Teniendo en cuenta que me levantaba a las seis de la mañana y me iba a dormir a las diez de la noche, tenía un montón de horas disponibles, así que me propuse aprovecharlas al máximo. ¿Y qué hice? Me dediqué a auditar mi negocio. Revisé todos los procesos e hice ajustes en el equipo para terminar de crear una maquinaria perfecta.

Eso implicó prescindir de tres personas y seleccionar a otras tres que las sustituyeran. Reconozco que tomar ese tipo de decisiones no es la tarea más agradable de un empresario, pero forma parte del camino y es necesario asumirlo para que todo funcione.

Luego, el equipo y yo nos pusimos manos a la obra para abordar el lanzamiento de cinco retos del programa formativo para empresarios que tenía en marcha en ese momento.

Cada reto consiste en siete días de trabajo intenso con empresarios, durante los cuales les transmito cómo se puede dar el máximo en la vida profesional y a la vez alcanzar la felicidad en la vida personal.

Cuando comienza uno de esos retos, me preparo para una semana de actividad: hay que dar la bienvenida a las personas inscritas, mantener la secuencia de trabajo programada y hacer al final una *masterclass* de dos horas para comentar todo lo que han recibido y resolver sus dudas.

Esos siete días de reto conmigo les aportan a los empresarios y empresarias un enorme valor, porque abre sus mentes a nuevas posibilidades. Luego son muchos los que quieren continuar trabajando y se inscriben en alguna de mis formaciones.

También organicé en esos días muchas reuniones *online* con empresarios. Me sentó muy bien, porque me gusta hablar con las personas y tomar contacto de una forma más cercana con sus preocupaciones cotidianas. Muchos de ellos finalmente compraron la formación para convertirse en empresarios felices.

Fueron semanas de mucho trabajo para mi empresa. Además, aproveché para hacer cosas para las que no tengo tiempo en mi día a día habitual, como aprender a utilizar herramientas digitales y aplicaciones o hacer un curso de fotografía con el iPhone.

Toda esa actividad fue una salvación para mí, que no concibo la idea de estar parado. Aun así, soy consciente de que a veces es necesario echar el freno. Por eso periódicamente hago un retiro para estar conmigo mismo: tres días de meditación, silencio absoluto e introspección que me aportan paz, tranquilidad y mucha claridad. Me conectan con mi esencia, con mi aquí y ahora, y me inspiran para continuar creciendo alineado con mi ser.

En paralelo, la rehabilitación continuaba. Mi esposa me llevaba tres días a la semana al fisioterapeuta, y el resto de los días hacía mis ejercicios en casa. No me planteaba grandes retos, sino metas pequeñas. Ganar rango de movimiento era una hazaña. ¡No me imaginaba hasta qué punto un centímetro puede ser un mundo!

En cuanto pude, fui complementando el tratamiento inicial: yoga y pilates con profesores específicos. Más adelante, piscina y gimnasio para fortalecer la musculatura. Invertí tiempo y dinero en mi recuperación, agradecido por poder permitírmelo y consciente de que se lo debo a haber tejido previamente esa red que me estaba permitiendo caer sobre algodones.

Así, iba avanzando.

Me di cuenta de que, consciente o inconscientemente, aplico la mentalidad de empresario a todo. Sabía que mi rehabilitación era una carrera de fondo, igual que levantar una empresa.

Para ambas cosas hay que prepararse física, mental y (me atrevería a decir) espiritualmente. Cuando uno empieza, tiene por delante un camino muy largo durante el que es fácil flaquear. Debe poner constancia, fe, esfuerzo, paciencia, voluntad, motivación, cabeza…

Y algo más que siempre digo en mis formaciones porque me parece muy importante: hay que disfrutar del camino y de las pequeñas conquistas. Antes del gran momento de cruzar la línea de meta, hay muchos instantes de victoria que ayudan a ganar confianza.

Por duro que sea el proceso, se puede disfrutar.

En tu empresa

Convertir lo difícil en fácil tiene su truco (aunque es algo que se me da muy bien, según siempre me dicen mis clientes). Sé que revertir una situación de crisis no es sencillo, pero puede hacerse con trabajo y constancia.

Durante mi proceso de recuperación apliqué dos máximas: una, diversificar el esfuerzo en distintas vías de solución que se complementasen unas a otras; y dos, no tener miedo a tomar decisiones, por difíciles que sean.

Toma nota de estos dos *tips* y aplícalos en tu empresa. No decaigas si no ves resultados inmediatos. Sigue adelante y trata de enfocarte en lo positivo.

Siempre digo que ser empresario es para disfrutarlo, y no para padecerlo.

Diversificar siempre es buena idea

Cuando empecé a ir al fisioterapeuta, pensé: «¿Hay algo más que podría hacer para mejorar el resultado?». La fisioterapia que me ponía el seguro médico me iba muy bien, pero, cuando le añadí otras opciones, fue mucho mejor. Para mí, diversificar es fundamental. En este caso diversifiqué el esfuerzo para recuperarme (contraté a un fisioterapeuta especializado para hacer pilates y a una profesora de yoga), pero es algo que aplico en todas las facetas de la vida.

En la empresa, la máxima de no poner todos los huevos en la misma cesta es ley. Si una cesta se cae al suelo, siempre tendrás otras que están a salvo. Y eso, en los negocios, se traduce en tranquilidad.

Diversifica tu producto o servicio

Así tendrás más posibilidades de generar ingresos.

Te pongo un ejemplo: el Celler La Vinyeta es una bodega familiar que hace unos vinos estupendos en Mollet de Peralada (Girona). Pero su negocio principal, la producción de vino, depende de muchas variables, como que la cosecha sea buena, que la meteorología acompañe o que los jabalíes no destrocen las parras.

Para disminuir esta dependencia de factores externos, pensaron en ampliar la gama de productos. ¿Cómo lo hicieron?

Adquirieron ovejas y cabras, pensando que les permitiría tener los campos limpios de hierbas y a la vez les daría leche para hacer quesos. Hoy tienen una buena producción de tanta calidad que los clientes que visitan la bodega se los quitan de las manos.

Pusieron colmenas, pensando que las abejas ayudarían en la polinización de sus cultivos y, a la vez, les darían miel de las flores de sus viñas. Hoy comercializan su propia miel.

Recuperaron unos olivos que habían plantado hace años pero que no habían cultivado bien. Hoy dan un aceite de excelente calidad.

Se lanzaron a criar gallinas de una raza autóctona de la zona. Ahora, sus visitantes siempre se llevan a casa una o dos docenas de huevos caseros.

Comenzaron a vender embutidos artesanos en la misma bodega, procedentes de unas carnicerías familiares. Solo el olor ya invita a probarlos.

Y, por último (hasta el momento), construyeron en sus tierras unos apartamentos para hacer ecoturismo. Así, los visitantes pueden tener la experiencia de dormir en un viñedo, inmersos en el silencio de las noches mediterráneas.

Gracias a esta diversificación, han conseguido no depender de una única fuente de ingresos, el vino.

Ahora disfrutan de más tranquilidad... y rentabilidad.

Diversifica tus bancos

¿Por qué eres cliente de un solo banco? ¿Por comodidad? ¿Qué pasa si un día tu banco te falla, porque no te concede la renovación de la póliza de crédito, o el préstamo que necesitas, o el *leasing* para financiar aquella inversión que quieres hacer en tu empresa?

Lo mires como lo mires, siempre saldrá más rentable trabajar con tres bancos que solo con uno. Otra ventaja es que el riesgo financiero es menor, ya que se comparte entre varias entidades. Lo vas a entender a la perfección con este ejemplo.

Imagina que tienes un negocio en el que algunos meses se vende mucho y en otros menos, es decir, con una estacionalidad muy marcada. Eso implica que en momentos puntuales tendrás que invertir cantidades importantes en compras.

¿Y si en ese momento no dispones de dinero suficiente para pagar? Necesitarás que el banco te lo avance con una póliza de crédito. Este tipo de créditos suelen ser a un año, aunque se pueden renovar si hace falta.

Pero, atención, esta operativa comporta una serie de gastos, además del tipo de interés que te pedirá el banco por prestarte ese dinero.

¿Cuáles son estos gastos?

- **Tipo de interés:** es lo que pagas por la cantidad de dinero que le pides al banco, que puede rondar el 6 %.

- **Comisión de apertura:** supone un porcentaje del total del préstamo que solicitas, y varía según la entidad financiera, las condiciones crediticias del prestatario y el límite de la póliza. Está en torno al 1,5 %.

- **Comisión de revisión anual:** suele ser similar a la de la apertura y se aplica en caso de renovación pasado el año. Se sitúa sobre el 1,25 %.

- **Comisión de disponibilidad:** o el porcentaje que se aplica por el dinero que has utilizado, sobre un 1 %.

- **Comisión de no disponibilidad:** es el porcentaje que se aplica sobre el dinero que te han prestado y no has utilizado. Se aplica un 0,75 %, aproximadamente.

- **Comisión por saldo excedido:** es un porcentaje que se aplica si te has excedido del saldo acordado, hablamos de un incremento en torno al 2 %.

- **Comisión por cancelación anticipada:** si procede, se aplica un porcentaje que puede ser del 0,5 %.

- **Otros:** puede haber gastos diversos, por ejemplo, los relacionados con la contratación, como la comisión de estudio de la operación (0,25 %).

Además, cuenta con los gastos del notario y otros gastos administrativos que tendrás que sumar en función del volumen de la operación. *Grosso modo*, unos 500 euros.

Si necesitas, por ejemplo, 100.000 euros y solo trabajas con un banco, tendrás que quedarte con las condiciones que te ofrezcan. Pero si trabajas con tres o más, puedes pedir presupuestos, compararlos y quedarte con el que más te interese.

Por eso es interesante no estar ligado solo a una entidad, para poder elegir siempre la oferta más conveniente para ti. Ten en cuenta incluso que hay diversidad de formas de financiación más allá del préstamo (existe la póliza de crédito, el *renting*, el *leasing*, el *confirming*, el *factoring*…) y que puedes contratarlos con tus diferentes bancos: puedes pedirle un crédito a tu banco A, un *renting* a tu banco B y una hipoteca a tu banco C, según el que te ofrezca las mejores condiciones.

Tendrás más puertas abiertas y más oportunidades de financiación. Te saldrá más rentable y tu riesgo financiero será menor, ya que se comparte entre más entidades.

Diversifica tu formación

¿Por qué limitarse a un área específica de conocimiento? Te recomiendo estar en continuo aprendizaje. No te estanques, aprovecha que hoy en día es sencillo acceder a formaciones de disciplinas muy diversas.

Muchos clientes míos son muy buenos profesionales de «lo suyo», en ese campo en el que en su día crearon su negocio, pero desconocen todo lo demás. Y eso les limita a la hora de ejercer como empresarios.

Voy a contarte el caso de Pepe.

Pepe era aparejador (hoy esa titulación es de arquitecto técnico) y encargado de la dirección de obras en varias empresas de construcción. En un momento dado, montó su propia empresa de construcción y me vino a buscar: «Miquel, yo entiendo de obras, sé lo que hay que hacer para que un trabajo se haga bien y en el tiempo previsto, pero no sé ser empresario».

Es decir:

- Podía construir edificios, pero no sabía venderlos, ignoraba aspectos comerciales básicos para vender una casa, un bloque de pisos o una nave industrial.

- Sabía organizar equipos de trabajo y cómo tratar con los distintos profesionales que intervienen en una obra, pero no sabía cómo contratarlos, qué sueldos ofrecerles o qué impuestos tenía que pagar por sus empleados.

- Conocía los costes de construcción, pero no entendía de finanzas ni sabía establecer objetivos de empresa o estrategias.

Lo bueno es que era consciente de esas limitaciones y quiso formarse. Hizo uno de mis cursos más completos *online*, amplió sus conocimientos y los puso en práctica.

Aprendió lo necesario sobre finanzas para hacer que su empresa fuese rentable.

Aprendió técnicas de *marketing* tanto tradicional como *online*, para darse a conocer y vender sus servicios.

Aprendió lo necesario sobre recursos humanos, lo que le permitió contratar empleados que realmente sienten la empresa como suya.

Aprendió a crear equipos y delegar.

Hoy se siente empresario. Sabe dirigir su empresa y, a la vez, establecer prioridades y reservarse tiempos personales. Ese equilibrio le permite ser feliz.

Cada año Pepe se apunta a alguna de mis formaciones para refrescar conocimientos y aprender otros nuevos. ¡Ah!, y me dice que soy su ángel de la guarda, por haberle ayudado a cumplir su sueño de ser empresario.

Diversifica tus inversiones

Siempre recomiendo invertir parte de los beneficios que tu negocio genera y parte de tus ahorros.

¿En qué invertir ese dinero sobrante? Pues para gustos, colores. Cada uno debe elegir el tipo de inversión que más se ajuste a sus preferencias. Hazlo poco a poco, con visión a largo plazo y, ¡por supuesto!, también diversificando:

- **Invierte en inmuebles:** un terreno, un piso o una nave industrial. Si los alquilas, te pueden dar una buena renta.

- **Invierte en productos financieros:** por ejemplo, fondos indexados, para que el interés compuesto te ayude a escalar tus ahorros.

- **Invierte en fondos o planes de pensiones:** así podrás complementar la pensión de jubilación con ese ahorro vital que te has ganado a pulso a lo largo de tu vida.

Algunas personas no quieren fondos de inversión porque no se llevan bien con el largo plazo, prefieren la rentabilidad al poco tiempo de haber invertido. Otras compran acciones porque es una forma de sentirse empresarios y recibir anualmente buenos dividendos. Otras valoran la tranquilidad que les da invertir en algo tangible, como un inmueble para alquilar, y recibir ingresos mes a mes...

Cada persona es un mundo.

También hay quien prefiere no invertir y ahorrar. Es cierto que el poder adquisitivo disminuye año tras año por el efecto de la inflación, pero aun así hay personas dispuestas a pagar este precio por tener la tranquilidad de disponer de ese dinero cuando quieran. En esos casos, recomiendo negociar con el banco un tipo de depósito que prime este dinero con un tipo de interés, aunque sea reducido.

En cualquier caso, siempre aconsejo aplicar el método de las 3 C antes de invertir; es muy útil para ayudar con la gestión emocional del riesgo que conlleva cualquier inversión:

- **Cabeza:** ¿la inversión es racional, lógica y razonable?

- **Cartera (o *cash*, o céntimos de euro):** ¿te dará una rentabilidad que te parece justa?

- **Corazón:** ¿esa inversión te dejará dormir tranquilo?

Si las tres respuestas son sí, adelante. En caso contrario, pisa el freno.

Déjate asesorar en cuáles pueden ser las mejores inversiones a corto y largo plazo, teniendo en cuenta la factura fiscal que siempre se acaba pagando.

Un último apunte: diversificar no está reñido con tener mesura y sentido común. Abrir nuevas vías te favorece mientras estén bajo control. Si son demasiadas, producirá el efecto contrario: dispersión y mal uso de los recursos.

Renueva tu equipo cuando sea necesario

En ocasiones, tendrás que hacer cambios en tu empresa, por ejemplo, prescindir de una persona del equipo.

No todas las obligaciones de un empresario son fáciles ni agradables. Personalmente, hacer ajustes de personal es lo que más cuesta arriba se me hace. Ni siquiera los años de experiencia han podido con eso. Trato de hacerlo de la mejor manera, para que sea un trance lo menos penoso posible, pero no siempre se pueden aliviar las consecuencias.

Es, quizá, la peor parte de este trabajo, pero, cuando es necesario, no dudo.

Si lo has valorado y has visto que es el paso correcto, hazlo. Es tu obligación y tu responsabilidad. Cuando se lidera una empresa, hay decisiones incómodas, decisiones que no nos gusta tomar, pero necesarias por diferentes razones: por el equipo, por la armonía de la empresa, por responsabilidad, para superar problemas graves…

Recuerda que el método de las 3 C siempre te ayudará a decidir de forma eficiente y rentable, tanto para tu empresa como para ti mismo.

Te pongo un ejemplo de cómo aplicar el método correctamente: tienes un empleado que no acaba bien los trabajos que le delegas, y tampoco percibes un gran interés por su parte para aprender a hacerlo mejor. Además, si hay un trabajo a punto de acabarse y llega la hora de irse, no se queda quince minutos para terminar su tarea.

Pon la C de Cabeza

Es lógico, racional y razonable deshacerte de una persona que no siente los colores de la empresa y no *suda la camiseta* como los demás del equipo. Lo que le dices le entra por una oreja y le sale por la otra; es como hablar con la pared.

Pon la C de Cartera

Eres consciente de que pierdes dinero con cada trabajo que le delegas. Tarda casi el doble de tiempo que los demás y la calidad de acabado es mucho peor. Provoca quejas de los clientes y te ves obligado a hacer algún descuento final, aunque el cliente acaba igualmente insatisfecho.

Pon la C de Corazón

No te sienta bien tener a alguien a quien le da igual el equipo, a quien tú le importas tres pepinos y que no valora la formación que le brindas para que mejore. Piensas que, encima, le tienes que pagar un sueldo que no merece, además de la seguridad social.

Está claro que las 3 C están alineadas. La decisión es obvia: esa persona no tiene que estar en tu equipo.

Lo mejor que puedes hacer es decirle adiós.

Aprende a delegar

Si caminas solo, irás más rápido, pero para llegar más lejos necesitas delegar en tu equipo.

Delegar es otra decisión estratégica. Olvídate de ser el hombre o la mujer orquesta que hace de todo. Sin orden, sin estructura. Como pollo sin cabeza.

Tu tiempo es oro, por tanto, debes delegar las tareas que no aportan valor a tu negocio y que, además, no te gusta hacer, para poder centrarte en aquellas en las que sí eres indispensable.

Delega responsabilidades en las personas que has formado, y que están preparadas para asumir más… si tú se lo permites.

En mis formaciones siempre enseño un método que da muy buenos resultados a mis clientes: el *spinner* de la delegación.

Un *spinner* es un pequeño artilugio que cabe en la palma de la mano y consta de tres hélices con un centro giratorio para hacerlo rotar. Esa es la gracia del juguete, hacerlo girar y girar.

El *spinner* de la delegación sirve para marcar los pasos y delegar de forma eficiente, haciendo un seguimiento periódico (rotatorio).

Por ejemplo, es muy habitual recibir cada día muchos correos electrónicos relacionados con clientes habituales, clientes potenciales, proveedores, bancos o remitentes que no conoces de nada. Es fácil que revisarlo todo te lleve una hora al día. O más, si tienes que responder. ¿Qué te parece si lo delegas a tu secretaria o alguna otra persona de confianza?

Hazlo respondiendo a las siguientes preguntas:

- **¿Qué tienes que delegar?**

    Escribe de forma clara y específica el tipo de correos que quieres delegar para que sea otra persona quien invierta el tiempo leyéndolos y respondiendo cuando sea necesario.

- **¿A quién?**

    Selecciona a la persona idónea de tu equipo, alguien en quien confíes, que entienda los criterios que quieres aplicar para leerlos, responderlos y derivarte solo aquellos que sean importantes y debas revisar en persona.

- **¿Cómo debes delegar la tarea o responsabilidad a esta persona?**

Explícale exactamente lo que quieres que haga, cómo quieres que lo haga y con qué criterios. Es importante que le des instrucciones concretas para que pueda cumplir tus expectativas.

- **¿Cuándo es el mejor momento?**

En función del trabajo que tenéis en la empresa, analiza cuál es la mejor época para empezar a delegar esa tarea. Reserva la fecha en tu agenda, comunícasela a la otra persona y ese día os sentáis a trabajar para poner en práctica la delegación.

- **¿Qué resultado esperas?**

Pon por escrito y de forma muy clara cuál es el resultado que tú esperas de esta tarea que has delegado. La otra persona debe ser consciente también de que será responsable de hacer esa tarea de forma excelente.

Te aconsejo que durante los primeros días o semanas hagas un seguimiento para comprobar que todo va bien. Si es necesario incorporar mejoras, se hace. Verás que, en breve, lo hará tan bien o mejor que tú.

Es un método que funciona. Mi cliente F., que tiene una empresa de ingeniería, se quejaba de que, cuando entraba en la oficina, las ocho personas de su equipo estaban continuamente entrando y saliendo de su despacho para hacerle preguntas.

Aplicando el *spinner* de la delegación, estructuró los procedimientos y los puso por escrito. Hoy hay días que nadie necesita hacerle consultas. Todo el mundo sabe qué tiene que hacer y cómo hacerlo, y él ha delegado tareas en las que no era imprescindible. Gracias a eso, ahora puede teletrabajar dos tardes a la semana y estar más tiempo con su hija.

Hay cosas que no se pagan con dinero, ¿no crees?

6

LA TRAVESÍA EN EL DESIERTO Y LAS MONTAÑAS RUSAS

«El éxito es aprender a ir de fracaso
en fracaso sin desesperarse».

—WINSTON CHURCHILL

Sembrar... y no recoger nada. Es algo que ocurre a menudo cuando se está trabajando para conseguir un objetivo, y puede resultar muy, pero que muy frustrante.

Yo estaba comprometido al 200 % con mi rehabilitación. Seguía las instrucciones de los médicos y de mi fisioterapeuta. No solo cumplía con los ejercicios todos los días, sino que busqué diversificar para hacer aún más.

Volqué en el proceso toda mi voluntad, esfuerzo y perseverancia.

Estaba convencidísimo de que, con todo el empeño que le estaba poniendo, aquello tenía que resolverse rápido. Me decía a mí mismo: «Miquel, esto lo resuelves tú con las mismas herramientas que aplicas en tu empresa y que enseñas a los demás». Y aposté por ello con todo mi bagaje, medios y tesón. ¡Tenía que volar!

¿No?

Por supuesto que no volé, ni mucho menos.

A veces, aunque se pise el acelerador, no se puede ir más rápido. De modo que tuve que adaptar mis expectativas, seguir trabajando y confiar en que los resultados empezarían a llegar en algún momento.

Me di cuenta de que, aun conociendo bien la teoría, solo la había aplicado en terrenos conocidos. Esta situación era nueva y me exigía mucho más. Como suelo decir: «La mente me decía nabos y mis emociones me decían coles», y resolver esa dualidad no fue sencillo. Yo confiaba en el traumatólogo y en el fisioterapeuta, pero seguía convencido de que era capaz de acelerar el proceso para terminar cuanto antes. Y no fue así.

Ese tramo de mi recuperación fue una travesía en el desierto. Volqué mucho esfuerzo y vi pocos resultados. Tuve que serenarme y echar mano de mi fuerza mental para continuar.

Y luego está el equilibrio emocional.

Por mucho control que pongamos, cuando la cabeza y el corazón no van de la mano, podemos encontrarnos en una montaña rusa de emociones contrapuestas. A mí me ocurre, como a cualquiera que tenga cabeza y corazón. Es normal, hay que contar con ello y gestionarlo.

Lo que hago siempre es tratar de permanecer en calma y consciente para detectarlo y que no me sobrepase... La diferencia en esta ocasión fue de intensidad: tuve que echar mano de mis aprendizajes y fortaleza mental para dar un par de vueltas más y no dejarme desequilibrar.

Así iban pasando los días y las semanas, con esos altibajos. Un día la fisioterapia iba de maravilla y yo pensaba: «Ya está, lo peor ha pasado, estoy cerca del final». Al día siguiente, en cuanto me esforzaba un poco, el dolor empezaba a doblarme y tenía que reajustar de nuevo las expectativas.

Recuerdo un día que me sentía tan bien, tan fuerte y recuperado, que me puse a preparar la bicicleta con la que había tenido el accidente. La dejé lista para salir el domingo siguiente, convencido de que podría hacerlo. No me planteaba una gran hazaña, solo quería dar una pequeña vuelta al lago para ver cómo me encontraba.

Por supuesto, no pude. Una sesión dolorosa de gimnasio me indicó que era mejor no hacer experimentos. Así que guardé la bicicleta y aplacé sin fecha la idea de volver a ponerme sobre dos ruedas.

En todo proceso hay un momento en el que no se ven los avances. Uno puede caer en la tentación de pensar que el trabajo no está siendo efectivo y que está perdiendo el tiempo, pero no es así. Mantener el norte y seguir trabajando es el único camino, pero hay que ser conscientes de que habrá que superar esa *travesía en el desierto* en la que, aunque pongamos voluntad, no hay resultados. En esos momentos hay que pensar que al final de ese desierto existe un oasis y que aparecerá en algún momento.

Inevitablemente, llevo la gestión empresarial en el ADN y siempre establezco paralelismos.

He visto a muchos empresarios impacientarse y sufrir mucho cuando no ven avances. Me toca darles perspectiva y convencerlos de que tengan fe en lo que están haciendo, porque no están perdiendo el tiempo ni tirando el dinero por la borda. Están siguiendo las indicaciones de una persona cualificada y con experiencia. Están haciendo un trabajo contrastado, racionalizado, y deben confiar en que funciona, si no a la primera, a la segunda. Y si no, a la tercera.

No hay que detenerse. Un empresario no puede dejarse vencer por esa montaña rusa emocional.

Son muchas las cosas que pueden pasar, y, según cómo te pillen en ese momento, pueden hacer el camino muy cuesta arriba. Hablo de factores de la vida personal, como un problema con los hijos, tener que cuidar de los padres mayores, o que la pareja no comparta la mentalidad empresarial y te ponga las cosas difíciles. Son situaciones que pueden provocar mucha tensión interna y hacer saltar por los aires el equilibrio emocional.

También hay otros factores, más globales, que están fuera de tu control. No tienes la culpa de que estalle una guerra en Ucrania, de que suba el petróleo o de que la bolsa se desplome. Ese tipo de acontecimientos pueden crear una tormenta perfecta en tu negocio y hacer que no veas los frutos del trabajo en el plazo estimado.

Ni tienes la culpa ni quiere decir que seas mal empresario, solo que se avecina una de esas travesías en el desierto durante la cual no vas a ver frutos, acompañada probablemente de un vaivén emocional que hará que te cuestiones tu trabajo.

Simplemente, forma parte del camino. Lo importante es tener un plan, saber gestionar los imprevistos y no detenerse.

Paciencia, trabajo… y los resultados llegan.

En tu empresa

La travesía en el desierto, y el sube y baja de las montañas rusas emocionales son fases que hay que pasar.

En la empresa, ocurre en muchas ocasiones. Aunque todo se esté haciendo bien, hay factores que escapan a nuestro control y debemos seguir trabajando, aunque no veamos avances. En algún momento llegarán.

Cíñete a tu plan y sigue adelante.

Fija tu propósito y confía

El trabajo bien hecho siempre acaba dando buenos resultados.

Trabaja, implementa lo que aprendes en las formaciones, sigue las indicaciones de tu mentor, continúa sembrando y cuidando bien la tierra que has sembrado…, y prepárate para la decepción de no ver progresos inmediatos.

Es en ese momento cuando tendrás que aplicar voluntad para no abandonar el camino marcado y la confianza en quien te sirve de guía. Los frutos llegarán. El desapego a un resultado, minimizando tus expectativas, te hará más feliz.

Personalmente, hay algo muy potente que me da energía cada día: mi pasión por la vida y por aquello que amo, que es mi familia y mi profesión. Procuro que todo lo que hago esté alineado con esos valores, y eso me proporciona la motivación que necesito.

Por eso es importante alinear todo lo que piensas, dices, haces y sientes. De esa forma, las adversidades se vuelven más ligeras y los caminos largos se hacen más cortos.

Las dificultades que vivimos los empresarios en el día a día son más llevaderas cuando, tras vender un producto o servicio, ves que a tu cliente le brillan los ojos porque ha quedado más que satisfecho. Eso quiere decir que lo que le has aportado vale más de lo que le has cobrado en tu factura comercial.

Hoy por hoy, yo confío plenamente en el propósito de mi vida profesional. Ayudo a los empresarios a ser felices, gracias a tener un negocio bien controlado, con más beneficios y que les permite disponer de tiempo para disfrutar de la vida.

¿Confías tú al cien por cien en tu propósito?

No luches contra aquello que no depende de ti

Sé consciente de que en tu empresa hay muchos factores que no dependen de ti. Enfrentarte directamente a ellos es desperdiciar fuerza y recursos.

Hay variables externas que pueden favorecer o perjudicar tu actividad. Basta un repaso por la historia para ver los acontecimientos internacionales que hundieron la economía y llevaron a la quiebra a muchas empresas.

Te pongo tres ejemplos recientes:

1. Debido a la pandemia por la covid-19, la economía mundial se redujo y golpeó muy fuerte a pequeñas y medianas empresas.

2. La recesión de 2009 surgió del colapso del mercado inmobiliario de Estados Unidos debido a la crisis financiera de 2007-2008 y la crisis de las hipotecas de alto riesgo.

3. La recesión de principios de la década de 1990 se cree que fue causada por la política monetaria restrictiva promulgada

por los bancos centrales, principalmente en respuesta a las preocupaciones sobre la inflación y la pérdida de confianza de los consumidores y las empresas.

Como consecuencia de estos acontecimientos, muchas empresas tuvieron que cerrar.

Para ser justos, hay que decir que en las crisis surgen grandes oportunidades de negocio, pero solo si estás abierto a verlas, e incluso a cambiar de actividad. Esta actitud abierta es la que nos hace resilientes y nos impulsa a resurgir de nuestras cenizas como un ave fénix.

No te compares

Cada empresa es un mundo. Cada persona, también. Somos quienes somos debido a una suma de factores:

• Nuestra educación en la niñez.

• La familia en la que nos hemos criado.

• Los amigos con los que hemos jugado.

• La escuela en la que hemos estudiado.

• Los genes que hemos heredado de nuestros ancestros.

Por tanto, igual que no hay dos personas iguales, tampoco hay dos empresarios iguales. Cada uno tiene su carácter, su perfil profesional y humano, sus emociones, su historia, su formación… Y todo eso condiciona la evolución de la empresa. Cuando eres consciente de tu singularidad y das valor a quien realmente eres, es cuando despegas y creces.

Tu empresa es tu reflejo. Por eso debes ser auténtico, es lo que va a permitir diferenciarte y despertar en los clientes el deseo de trabajar contigo.

Inspirarse en otros es positivo, pero compararse puede ser muy frustrante. Tu camino es solo tuyo.

7

MÁS PRUEBAS EN EL CAMINO

«No se trata de cuán duro golpeas,
sino de cuántos golpes puedes recibir
y seguir adelante».

—ROCKY BALBOA (Sylvester Stallone)

El 17 de mayo falleció mi madre.

Fue algo inesperado. Es verdad que padecía un cáncer, pero los doctores le daban más tiempo y mis hermanas y yo confiábamos en que todavía estaría con nosotros, al menos, hasta final de año. Perderla antes fue un golpe durísimo para todos.

Cuando tuve el accidente, decidí no contárselo porque sabía que se iba a preocupar, y lo último que quería era añadir más carga emocional a su situación. De modo que me lo guardé y traté de que ella no se diese cuenta de nada. Así ganaba tiempo para recuperarme, confiando en poder ir a verla ya en pie y caminando.

Pero la realidad es que ya llevaba seis semanas en una silla de ruedas y aún no veía la luz al final del túnel.

Antes del accidente, mi mujer y yo la visitábamos con regularidad. Había pasado por una operación delicada hacía un tiempo y pensábamos que mejoraría, pero el pronóstico no fue tan bueno como esperábamos. Los médicos dijeron que después de eso ya no había más que se pudiese hacer, y que lo recomendable era que estuviese tranquila y cuidada. Eso hicimos. Acondicionamos su casa y tratamos de que tuviese la mejor calidad de vida posible durante el tiempo que le quedaba. Mis hermanas estaban siempre pendientes, y yo me acercaba a Palamós, donde viven, cada vez que podía.

El día de mi accidente la llamé por teléfono. Quería que fuese una conversación lo más natural posible, como cualquier otro domingo. Aunque yo estaba con muchísimos dolores, hice un esfuerzo enorme por aparentar normalidad.

—Hola, mamá, ¿cómo estás? —crucé los dedos para que sonase con mi tono habitual. Y así fue.

—¿Qué tal estáis todos? ¿Cómo va el trabajo? ¿Has salido hoy en bicicleta?

Apretando los dientes, le conté que estábamos bien, que habíamos tenido un día de bicicleta magnífico y que esa semana no podría subir a verla porque tenía mucho trabajo.

Cuando terminé la conversación, me sentía aliviado: al menos había ganado algo de tiempo.

Durante las semanas siguientes seguí llamándola regularmente. Me excusaba en el trabajo para aplazar una visita que sabía que no podría tardar mucho en hacer.

Un día mis hermanas me dijeron:

—Miquel, la mamá está fastidiada.

La llamé inmediatamente, tratando de no mostrar preocupación. Fue una conversación aparentemente normal, sin embargo, algo no me encajó. Se lo comenté a mi mujer:

—He hablado con mamá y, ¡uf!, esto no me está gustando nada. Tengo que verla, ¿me llevas?

Y allá nos fuimos. Yo todavía utilizaba la silla de ruedas, pero metí las muletas en el coche porque quería entrar en casa por mi propio pie. Fue el domingo 14 de mayo. Ella no se sorprendió al verme con muletas. Al menos, no demasiado.

—Yo ya sabía que te había pasado algo, Miquel.

Como ya no tenía que ocultarle nada, le expliqué lo ocurrido y por qué no se lo había contado antes.

Fue una conversación plagada de emociones. Cuando me estaba levantando para irme, me retuvo y me dio un fuerte abrazo. Supe que se estaba despidiendo. Lo confirmó al día siguiente una llamada de mis hermanas:

—Mamá se está yendo.

La noche anterior había dado un gran bajón y los doctores estaban ya solo pendientes de sedarla para que tuviese un final tranquilo. Como mi familia y yo estábamos en Banyoles, les pedí que esperasen solo un poco más, que íbamos hacía allí.

Llegué a tiempo para verla y despedirme. Me senté a su lado, tomándole de la mano, en un momento de plena consciencia por parte de los dos: nuestro último tiempo juntos. Durante la madrugada recibimos la llamada que esperábamos. Mi madre ya se había ido.

Lo que vino después se me hizo bastante cuesta arriba.

Pasamos unas horas en el tanatorio, recibiendo a amigos y conocidos. Yo estaba arropado por mi mujer y mi hija; mi hijo no iba a llegar a tiempo desde Alemania, donde trabajaba, y decidimos que era mejor que no hiciese el viaje. Aun teniendo a mi familia a mi lado, brindando apoyo, sabía que iba a ser una jornada larga e intensa.

Yo iba en mi silla de ruedas, no había otra opción. Todavía no estaba fuerte como para poder soportar todo ese tiempo de pie, y más en esas circunstancias, así que ni me lo planteé, a pesar de que no me gustaba la idea de dejarme ver así.

Me sentía intentando dominar una tempestad emocional, quizás la más difícil a la que haya tenido que enfrentarme. Tuve que echar mano de toda mi experiencia y de las herramientas aprendidas para enfocarlo con resiliencia. Me exigió mucho y me dejó agotado.

Al tanatorio acudieron muchas personas de Palamós, mi lugar de origen. Me conoce mucha gente tanto a nivel personal como profesional, y muchas de ellas, que se acercaron a despedirse de mi madre, vinieron luego a interesarse por mí. Entiendo que era lo lógico, porque casi nadie sabía nada, pero por momentos me hizo sentirme mal. Aunque agradecía el interés genuino, sentía que ese día la atención no debía estar puesta en mí.

Lidié el día como buenamente pude, pero fue complejo y amargo.

Todas esas emociones acumuladas afloraron cuando por fin mi hijo pudo tomarse unos días y venir a España. Coldplay actuaba en Barcelona el 28 de mayo y hacía tiempo que teníamos entradas para todos. Apenas había pasado semana y media desde el fallecimiento de mi madre, y era la primera ocasión que teníamos para encontrarnos los cuatro, así que no nos lo quisimos perder.

Siempre hemos sido una familia muy «festivalera». Nos gusta ir juntos a conciertos y otros eventos, como el festival Cap

Roig, que procuramos no perdernos nunca. Es la excusa para escuchar música, cenar juntos, charlar de la vida y crear recuerdos valiosos.

El día del concierto de Coldplay yo iba en silla de ruedas, así que hubo que adaptar un poco la logística para que pudiese asistir y ver el espectáculo, aunque eso implicase estar separado del resto de la familia. Mi mujer y mi hija fueron a sentarse donde habían reservado, en la parte inferior del recinto, y a mí me ubicaron en un nivel más elevado, con otras personas de movilidad reducida.

Desde luego, no eran las circunstancias ideales para un concierto en familia, pero me hice a la idea y me dispuse a disfrutar.

Allí estaba, solo, cuando vi a mi hijo. Acababa de llegar desde Alemania y venía directamente del aeropuerto al Estadi Olímpic. Fue verlo y al instante afloraron todas las emociones acumuladas. No hacían falta las palabras. Él sabía que yo había pasado momentos muy difíciles, y yo era consciente de que le había sabido muy mal no poder estar en el entierro de la *iaia*. Así que lloramos ambos, como niños, tanto por la dureza de lo vivido como por la alegría del reencuentro. Fue un momento para dejar fluir libremente las emociones y las lágrimas, y fue sanador.

Luego, comenzó el concierto.

Soy consciente de que la salud y el control emocional van de la mano. Siempre recuerdo con pesar a un cliente que tuve hace años. Había superado un cáncer de estómago y su pronóstico era muy bueno, tenía muchos años por delante. Su oncólogo se lo dijo: «De esto no te vas a morir».

Sin embargo, su empresa entró en crisis y él se dejó arrastrar por la tensión emocional que eso le generó. El cáncer volvió a presentarse y no le dio tregua; se lo llevó. No es mi trabajo explicar estas cosas científicamente, pero me consta, por mi experiencia, que los desequilibrios emocionales repercuten en la salud, tanto física como mental. Siempre procuro tenerlo presente para que la balanza se mantenga estable.

Algo que me ayuda en este manejo emocional es que, como he explicado en un capítulo anterior, estoy habituado a trabajar conmigo mismo para ser mejor y más fuerte internamente.

Haber podido gestionar mis emociones ante experiencias tan intensas como el fallecimiento de mi madre, en un momento en el que yo ya estaba justo de recursos, fue la confirmación de que ese trabajo personal da frutos y es importante para superar mejor las situaciones de crisis.

No le restó dureza, pero me aportó herramientas, perspectiva y resiliencia.

En tu empresa

Hay muchos tipos de tempestades. A veces, a los problemas que puedan surgir en el negocio hay que sumarle situaciones personales complicadas. Y en esos momentos la tensión y la intensidad emocional pueden ser muy difíciles de gestionar.

He acompañado a muchos empresarios en este tipo de procesos y sé que son durísimos. Hablo del fallecimiento de un familiar cercano, una enfermedad propia o de alguien allegado, o algún conflicto familiar grave…

En esos casos hay que tratar de que las emociones, aunque aprieten mucho, no ahoguen.

Cuida tu salud mental

La salud mental es un pilar del bienestar. Sin embargo, entre el estigma que arrastra y que muchas veces el problema no se hace visible hasta que es una bomba a punto de explotar, no se le presta la debida atención.

Cuando se produce una gran acumulación de tensión, la salud mental puede entrar en zona de riesgo. Una mala racha, o varias encadenadas, pueden acabar en un estrés ingobernable, ansiedad o una depresión incapacitante que te paralice y te impida actuar racionalmente. Créeme si te digo que no es tan difícil que ocurra.

Por eso aconsejo despejar la mente con actividades que no tengan nada que ver con tu negocio. Te cuento mis hábitos saludables, que también practican la mayoría de mis clientes.

Cada semana voy dos o tres veces al gimnasio. Trabajo en unas máquinas configuradas según mi morfología, que me permiten mover todo el cuerpo. También me ejercito en la bici estática o en la elíptica, y muchas veces salgo a caminar rodeando el lago de Banyoles, que son siete kilómetros.

Siempre termino la sesión en el gimnasio con una sauna, y después me doy un chapuzón en el lago, sea cual sea la época del año.

También hago yoga y pilates una vez por semana, con profesores diferentes. Y practico la meditación, que me permite tomar conciencia de mi respiración y sentirme vivo en el presente, en el aquí y ahora.

Y hace años que me alimento de forma saludable y controlada. En ese punto mi esposa es la reina: me ayuda a estar y sentirme fuerte.

Todos estos hábitos saludables son el resultado de haber comprendido que el dicho *mens sana in corpore sano* es cien por cien real.

No soy psicólogo (ni lo pretendo), pero he conocido la depresión de cerca en algunos de los clientes que han pisado mi despacho. Y he constatado que, si cuidas todos los aspectos que te he explicado, la salud mental mejora y se minimiza el riesgo de sufrir ese u otro trastorno.

Busca ayuda

Si crees que no eres capaz de sobrellevar una situación solo, busca apoyo.

Ya te he hablado del error de pensar que necesitar ayuda externa es signo de debilidad. Que seas empresario no te obliga a ser Superman o Superwoman; por tanto, si crees que tu salud mental puede estar en riesgo, la mejor decisión que puedes tomar es dejarte ayudar.

El síndrome de la soledad del empresario es muy habitual, porque ¿quién entiende al empresario?

Cuando llegas a casa, estás agotado y no quieres poner la cabeza como un bombo ni a tu pareja ni a tus hijos. Encima, estás muy cansado física y mentalmente debido al desgaste que conlleva la tensión del día a día y la toma de decisiones.

Es muy posible que tu familia no te entienda. Y, aunque te quieren, sus consejos pueden ser hasta perjudiciales. ¿Has oído alguna vez aquello de...?

- «¿Vale la pena tanto esfuerzo?».

- «¿Es imprescindible que llegues tan tarde a casa?».

- «Al final, ni tus hijos te van a conocer».

Por experiencia, sé que los empresarios (diría que sobre todo los más tradicionales) están muy poco acostumbrados a verbalizar y compartir aquello que les preocupa o les duele. Todo se lo guardan. No exteriorizan emociones o sentimientos. No se permiten llorar porque les da miedo que los demás lo interpreten como una debilidad y les pasen por encima.

¿Estoy diciendo que tengas que llorar en cualquier circunstancia? No. Lo que digo es que, si tienes necesidad de desahogarte, debes buscar el momento, el lugar y el acompañamiento para hacerlo.

Abre tu corazón y tu mente en un entorno de confianza y seguro. Si no lo tienes, búscalo. Puede ser un psicólogo, un *coach*, un mentor o tu mejor amigo. Otra posibilidad son los grupos de apoyo o de *networking*, presenciales u *online*, donde puedas hablar y exponer tus problemas. Te vas a sentir comprendido y arropado.

En cualquier caso, no dejes de buscar ese acompañamiento que necesitas para abrirte; es importante para mantener la salud mental. Y no es una muestra de debilidad, sino todo lo contrario.

Relativiza los problemas

Una crisis puede parecer imposible de remontar, pero no es el fin del mundo. Es importante relativizar.

¿Ha ocurrido algo grave en la empresa? Vale. Pero, si estás leyendo esto, es que estás vivo, así que empieza a mirar hacia lo que tienes, y no hacia lo que no tienes. Apóyate en tu familia, en tu experiencia, en tus conocimientos, en tu formación.

Tener una actitud mental positiva depende de ti. La positividad te ayudará a sacar lo bueno de cualquier tipo de circunstancia adversa relacionada con tu negocio. Sin quedarte en un rincón llorando, sin lamentaciones, sin echarle la culpa a la mala suerte.

Porque, si bien la suerte en los negocios existe, también es cierto que los goles solo llegan cuando estás en el terreno de juego, nunca desde la grada.

Piensa que el hecho de aprender de un error o de un mal resultado no esperado ya es un avance que te permitirá seguir adelante incorporando los frutos de ese aprendizaje.

Y recuerda que el éxito en un negocio es el sumatorio de muchos aprendizajes. Debes tomar decisiones, pero ten presente que quien no decide no se equivoca. Y quien no se equivoca no aprende.

8

UN PASO SIN APOYOS

«Solo aquellos que se atreven a tener grandes fracasos terminan logrando grandes éxitos».

—ROBERT F. KENNEDY

En el mes de julio tenía una cita importante en el calendario: mi evento presencial «Lidera, gana y sé feliz».

Yo aún estaba centrado en mi recuperación. Toda mi concentración estaba puesta en ir poco a poco ganando fuerza, pero no perdía de vista las fechas señaladas en rojo: 12, 13 y 14 de julio. Quería acudir a ese encuentro sí o sí.

Además, en julio ya habrían pasado tres meses desde el accidente. Tiempo más que suficiente. Ya tenía que estar bien para entonces.

¿No?

Dos semanas antes todavía me desplazaba en silla de ruedas. El tiempo se me echaba encima, y muy a regañadientes empecé a considerar la posibilidad de que, quizá, aún era pronto. No quería pronunciar la palabra *cancelación*, pero admito que me rondaba.

Esa cita estaba programada desde antes del accidente. Organizo regularmente un evento presencial al año para empresarios y empresarias que necesitan un impulso en sus negocios y un reenfoque en sus planteamientos de vida.

Hay formación y aprendizajes, pero también muchos tiempos de convivencia y espacio para hablar de buenos hábitos físicos y mentales.

Son tres días intensos para ellos y exigentes para mí. Me entrego al máximo para que estas personas vuelvan a su casa y a su empresa con una inyección de motivación, con nuevas herramientas y con un profundo cambio interior. Es una experiencia transformadora que les permite crecer personal y profesionalmente, y que repercute de forma positiva en el crecimiento de su empresa.

Pero la fecha se acercaba y yo ni siquiera podía ponerme en pie. ¿Cómo iba a poder cumplir si no era capaz de estar físicamente al cien por cien?

Quienes ya han participado entenderán por qué lo digo. Para mí, el movimiento forma parte de la comunicación. Soy una persona dinámica por naturaleza, camino, gesticulo, me acerco a las personas, participo en las actividades… Me parecía que, si no podía manifestarme como yo soy, no estaría aportando todo lo que tengo para compartir.

Pasé días dándole vueltas a la cabeza. «¿Qué hago?». Podía avisar a todo el mundo y devolver el dinero. Después de todo, había tenido un accidente grave. Estaba justificado.

Por otra parte, me revolvía por dentro la idea de no cumplir con las personas que habían reservado esos tres días para reorientarse. No quería fallarles.

Finalmente, tras sopesar las opciones, tomé la decisión de seguir adelante. Si tenía que ser en silla de ruedas, pues que fuese.

Decidirme ya me quitó un peso de encima. Ahora quedaba ver en qué condiciones estaría cuando llegase la fecha y cómo podía prepararme para afrontar todo lo que había que hacer.

A partir de ahí, empezó una contrarreloj.

El 18 de junio se cumplieron diez semanas del accidente. Diez semanas en silla de ruedas, sin poder poner el pie izquierdo en el suelo.

El plan ahora era empezar una nueva fase, con el objetivo de ir poco a poco apoyando el pie para recuperar fuerza y estabilidad.

Primero, tenía que poner solo el 30 % del peso en esa pierna, con el máximo cuidado. Para calcularlo, colocaba el pie izquierdo sobre la báscula y, lentamente, iba dejando que el indicador de kilos subiese hasta alcanzar la tercera parte de mi peso corporal, unos veinticinco kilos.

El primer día me di de bruces con la realidad: apenas podía apoyar diez kilos. Veía las estrellas. De nuevo, me exasperaba la lentitud.

La parte positiva es que avanzaba. Día a día iba aumentando el porcentaje. A principios de julio ya había conseguido llegar a ese 30 % y seguía ganándole terreno a la lesión.

La segunda semana de julio me acercaba ya al 60 %, una enorme satisfacción.

El evento era la tercera semana de julio y aún estaba lejos de mi cien por cien. Incluso con la ayuda de las muletas, no podía aguantar mucho tiempo de pie.

«Pues es lo que hay —me dije—, así que allá vamos».

Los invitados iban a llegar el miércoles, pero yo ya estaba en el hotel desde el lunes. Siempre me gusta ir unos días antes para tomar contacto con el lugar, el Hotel Mas Solà, de Santa Coloma de Farners (Girona). Es un sitio que elijo año tras año porque tiene todo lo que quiero ofrecer: buenas instalaciones, un precioso entorno natural, piscina y otras zonas para programar actividades físicas, y muchísima tranquilidad.

Aunque conozco el lugar, me alojo allí unos días antes para repasar la planificación. También me doy un tiempo de meditación para conectar conmigo y con lo que quiero proyectar. Reflexiono, tomo notas, visualizo el programa completo… Siempre digo que cuido hasta el último detalle, y es verdad.

En esta ocasión quería, además, hacer pruebas físicas para tener control sobre los tiempos y ganar seguridad en mí mismo. Me refiero a algo tan concreto como saber cuánto tardaba en ir de un punto a otro, porque mi movilidad podía condicionar mucho el desarrollo de las jornadas. ¿Qué hice? Recorrer con muletas las instalaciones del hotel cronometrando mis desplazamientos.

Cuando se organiza una reunión de este tipo, el control de los tiempos es fundamental para que todo salga bien, y yo quería tener la total seguridad de que podía controlar el cronograma. Me aseguré de que todo estuviese listo.

A las 9 de la mañana del miércoles 12 de julio, los empresarios y empresarias que participaban en el evento estaban sentados en el salón, esperando que comenzase.

Puntualmente, salió a hacer la presentación una periodista, clienta y amiga, Sara Pellicer. Yo estaba en la parte de atrás, fuera del ángulo de visión del público y bastante nervioso. Escuchaba las palabras de Sara refiriéndose a mí con tanto aprecio que me emocioné. Me sentí arropado por su presentación, me dio calor, seguridad y ese último empujón de confianza antes de comenzar.

Después de todo lo que había pasado, del dolor, las dudas, la incertidumbre… Por fin estaba ahí, con mis muletas, a punto de salir a cumplir el compromiso con esas personas a las que les debía tres días transformadores e inolvidables. ¡Me parecía increíble!

Estaba emocionado hasta el tuétano. De hecho, salí llorando. No con los ojos brillantes, no; llorando a lágrima viva por poder estar allí.

Estaba feliz. Feliz porque por primera vez veía a muchos de mis clientes, a los que solo conocía virtualmente; aliviado por liberar la tensión de las semanas anteriores; muy tocado por la preciosa presentación de Sara…

Salí apoyado en las dos muletas porque no podía andar, menos aún con los ojos encharcados, así que me limité a quedarme quieto, ahí en medio, levantando la muleta para escenificar la emoción de estar allí.

Fue un comienzo muy potente, muy energético y muy sentido, que provocó la empatía de todos los presentes. Aunque no fue premeditado, lo cierto es que nos conectó emocionalmente, algo que es muy importante en este tipo de encuentros. Precisamente esa conexión es lo que ayuda a que las personas se abran para dejarse ayudar.

Solo cuando se llega al corazón de las personas es cuando de verdad es posible conducirlas hacia una transformación real. Pueden comprender racionalmente una explicación, pero, hasta que no se produce ese momento mágico de conexión, no se lanzan a romper con la persona que eran el día anterior. Es una epifanía real. No soy yo, una figura externa, quien se lo explica, sino que la persona se ve a sí misma, ve su dificultad y ve la solución. Y eso pone la piel de gallina.

Pues esa conexión, que en otros eventos se logra de manera gradual, la conseguimos el primer día en la misma presentación. Comenzamos a trabajar según lo programado y todo empezó a fluir.

Pero yo tenía en mente algo más... Quería dar mi primer paso sin apoyos, y quería hacerlo allí, con ellos.

El segundo día del evento, le dije a mi secretaria Isabel y a otra de mis colaboradoras, Rosa, lo que quería hacer. Se echaron a temblar.

—¿Y si te caes?

—Pues procuraré aterrizar sobre el lado bueno —me reí para quitarle hierro al asunto—. Tampoco es como caerse desde un cuarto piso. Me ayudáis a levantarme y aquí no ha pasado nada. Quiero intentarlo.

En concreto, quería hacerlo en una sesión en la que hablaríamos de la importancia de superar los miedos, tomar decisiones arriesgadas, soltar los apoyos con los que uno siente seguridad. ¿Qué mejor manera de ejemplificarlo que dando yo mismo un paso sin apoyos? No lo hacía desde aquel 9 de abril. Así, les demostraba que lo que pienso, siento, digo y hago está alineado: «Si yo lo hago, vosotros también podéis».

Me consta que mis colaboradoras contuvieron la respiración cuando dejé a un lado las muletas y di un paso adelante. Solo un paso era suficiente para demostrarme y demostrarles que, a veces, no se avanza sin asumir riesgos.

Funcionó.

Para mí fue un punto de inflexión. Me di cuenta de que estaba mejorando, de que era más fuerte y más capaz de lo que pensaba. Y lo que era más importante, que había crecido como persona en estas últimas semanas.

No solo no había cancelado el evento, sino que había dado un paso sin apoyos. Un paso simbólico pero importante en mi proceso de recuperación.

A partir de ahí, comencé una nueva fase.

En tu empresa

Es importante dejar atrás los miedos. No digo que vayas a dejar de sentir miedo ante situaciones desafiantes, pero es fundamental entrenarse para manejarlo de forma que no te bloquee para actuar.

Nunca temas ser auténtico. En tu empresa, ser tú mismo y manifestar tu esencia te permitirá transmitir una energía propia y generar empatía con las personas que tienes alrededor. Dejarte fluir tal como eres es la clave para conectar y crear un entorno de confianza.

Tampoco tengas miedo a tomar decisiones arriesgadas. Reflexiona, sopesa los pros y contras, calcula las consecuencias... Arriesgar no quiere decir hacer las cosas a lo loco. Pero, una vez que hayas valorado todo, lánzate.

Controlar el miedo para dar tus propios pasos sin apoyos es importante tanto para tu vida personal como para la profesional. Aplícalo y verás.

Sal de la zona de confort, suelta las manos de la barandilla y... ¡salta!

En el mundo empresarial hay que asumir riesgos.

Eso implica ser atrevido, valiente y superar el temor a pasar a la acción. No importa que sea difícil, no importa que duela, no importa que no estés preparado al cien por cien... Hay ocasiones en las que la vida te invita a tomar una decisión arriesgada y debes aceptar el reto.

De ese modo, poco a poco, tu zona de confort se irá ampliando e irás abarcando más.

Esa es la forma de ser disruptivo para llamar la atención y mostrar al mundo quién eres como empresario. Es posible que esa visibilidad te abrume un poco, pero dale tiempo al tiempo y más adelante verás que será una de las razones del crecimiento de tu negocio.

Además, será para ti una herramienta de crecimiento personal. Cuando creces como persona, creces como empresario, y viceversa.

Y ¿para qué todo esto?

Para ser feliz, para sentirte realizado, para ayudar a satisfacer a tus clientes con tus productos y servicios, para ayudar a las familias de tus empleados manteniendo sus puestos de trabajo, para favorecer una sociedad mejor gracias a los impuestos que pagas…

¿Necesitas más razones?

Calcula los riesgos

Los empresarios debemos ser valientes, no suicidas. Siempre hay que calcular las probabilidades de fracaso y, sobre todo, las consecuencias.

En este punto es fundamental la formación, la mejor y más rentable inversión que puedes hacer. Para analizar los riesgos que implica una decisión hay que tener conocimientos básicos sobre finanzas, algo que siempre es un pilar en mis formaciones.

No es necesario cursar un máster en dirección de empresas, pero sí debes tener claros los conceptos clave de tu cuadro de mandos, aquellos que debes controlar haciendo un seguimiento periódico.

¿Y qué es un cuadro de mandos? Es un informe que contiene los datos clave de tu empresa. Imagínatelo como el cuadro de mandos de tu coche: es lo que consultas para saber a qué velocidad vas o cuánta gasolina te queda en el depósito.

El cuadro de mandos es algo similar, pero con información para conocer la situación real de tu negocio:

- ¿Cuánto te deben tus clientes y cuándo lo vas a cobrar?

- ¿Cuánto has vendido este mes? ¿Y el mes pasado?

- ¿Cuánto has facturado este mes?

- ¿Qué gastos y qué beneficios has tenido este mes?

- ¿De cuánto dinero dispones en los bancos?

- ¿Cuánto dinero debes a tus proveedores y cuándo les tienes que pagar?

- ¿Cuántos clientes nuevos tienes?

- Y de los que ya tenías, ¿cuántos te han comprado y cuántos no?

- ¿Qué importe de impuestos tienes que pagar próximamente?

- ¿Cuánto dinero tienes que pagar este mes de préstamos, *leasing*, *renting*, etc. a los bancos?

- ¿Qué importe tienes de cobros y de pagos este mes?

- ¿Qué objetivo de ventas tienes para el próximo mes?

Con toda esta información podrás hacer previsiones realistas y valorar los riesgos que puedes asumir. Así tus decisiones serán más eficientes, más rentables y te permitirán dormir a pierna suelta por las noches.

Yo me aventuré a dar un paso sin muletas sabiendo que, si no lo lograba, me caería al suelo de una forma que podría controlar. No habría dado ese primer paso sobre la cornisa de un rascacielos.

Hablo de superar los miedos que son un lastre y una limitación, pero siendo a la vez sensatos en lo que nos proponemos.

9

TOMO LAS RIENDAS: MI VIAJE DE AUTOCURACIÓN

«Cuando cambias el modo en que miras las cosas, las cosas que miras cambian».

—WAYNE DYER

A pesar de haber dado un paso sin apoyos, no pude dejar a mis compañeras, las muletas, hasta tres meses más tarde.

Comenzaba así agosto, mes en el que me suelo tomar unos días de vacaciones en la bahía de Palamós. Y así lo hice, aunque todo fue muy diferente a otros años.

De entrada, decidí darme un mes, algo que no había hecho nunca antes. Otra cosa que hice de forma distinta es que apenas me asomé por mis redes sociales.

Tener presencia en las redes es muy demandante. Desde un enfoque de *marketing* y pensando en mi negocio, es cierto que me dan una gran visibilidad. Pero, honestamente, no es ese el principal motivo que me mueve a alimentar mis redes con *stories* sobre mis actividades del día a día. Lo que pretendo con ello es animar a otras personas a superarse, cada uno a su nivel.

Por ejemplo, un reto que compartí en las redes durante mis vacaciones de verano, antes del accidente, fue el de ir a nadar a las siete de la mañana durante quince días, con lluvia o con sol. Eran

1.500 metros, desde la bahía de Palamós hasta Sant Antoni de Calonge, y volver. Me planteo esos retos porque hacen que me sienta bien. Además, es un tiempo que comparto con mi mujer, que nada muchísimo mejor que yo, y nos resulta motivador a ambos.

Si comparto el momento, no lo hago buscando notoriedad o *likes*, sino para transmitir esa inyección de energía, confiando en que a alguien le sirva para decir: «Qué buena idea, voy a hacerlo yo también». Pienso que, si mi experiencia inspira a una sola persona a activarse y disfrutar del ejercicio y la naturaleza, ya ha merecido la pena.

Y me consta que funciona, que hay empresarios que me ven haciendo caminatas por la montaña y se plantean bloquear un par de horas en su agenda para irse a tomar un poco el aire, porque han visto a Miquel Pino diciendo que, si lo hacen, serán más productivos y su empresa será más rentable. Ese es el mensaje que quiero transmitir.

Pero, ese mes de agosto, el cuerpo no me pedía dedicar tiempo a subir contenido a mis redes sociales, así que no lo hice. Como en esos meses atrás había ido afinando mucho el oído para escucharme, decidí hacer caso a mi voz interior. Aún estaba muy centrado en la recuperación e intuí que tener presencia en las redes no me iba a sentar bien.

Me dediqué a vivir ese extraño mes de agosto con la mejor disposición posible.

Al principio apenas podía nadar, me dolía mucho la pierna al estirarla y batir los pies. Pasadas un par de semanas ya conseguía nadar 15 metros, luego 100, luego 500… Finalmente conseguí nadar 1 kilómetro.

Bajaba a la playa a las siete de la mañana. Primero con dos muletas, luego con una. Me encontraba siempre con el mismo grupo de *iaios* y *iaies*, de los que no perdonan su baño tempranero. ¡Uno de ellos, con noventa y un años! Era muy agradable ese rato de encuentro y de charla, a unas horas en las que todavía no había un alma en la playa. Al final del verano incluso celebramos una despedida todos juntos con una comida.

¿Ocurrió algo por no compartir públicamente ese tipo de momentos? No, nada. A veces, quienes utilizamos las redes como herramienta de trabajo tenemos el temor de que, si no subimos contenidos casi constantemente, vamos a desaparecer del mapa, perderemos seguidores, nos volveremos invisibles en el sector.

No digo que no pueda ocurrir, creo que está en función del tipo de negocio que cada uno tenga y de su estrategia con las redes sociales como herramienta para captar clientes. En mi caso, no fue relevante en esos momentos, y, si lo hubiese sido, habría encontrado otra solución. Lo importante es hacer aquello con lo que uno se encuentra a gusto. Esa referencia es la que hay que seguir.

A finales de agosto decidí hacer algo que nunca antes había pensado. Es más, si me lo hubiesen propuesto, habría dicho que no, que eso no iba conmigo.

Sin embargo, uno siempre está a tiempo de cambiar de opinión.

Ya me encontraba mejor y empecé a pensar cómo podía estar afectando a mi organismo la cantidad de medicamentos que había tomado en los últimos meses. Sé que fue necesario, pero también era consciente de que hay efectos secundarios que afectan a la microbiota, y quería restablecer el equilibrio lo antes posible.

Mi mujer me sugirió pasar unos días en Zuhaizpe, un centro de curación ubicado en Navarra que propone un enfoque holístico de la salud. Son herederos de la medicina higienista y han creado un lugar donde afrontar la curación personal desde un enfoque físico, mental, espiritual y emocional.

Ella lo conocía de primera mano porque había pasado allí unos días y había regresado encantada. Pensó que me sentaría bien hacer lo mismo. ¿Mi primera reacción?:

—Olvídalo, no es para mí.

Pero la idea reposó durante unos días en mi mente, al cabo de los cuales empecé a plantearme que quizá no debería rechazarla. Era consciente de que depurar el cuerpo y la mente me iría bien, y en ese lugar parecía que podía hacerlo. Así que pasé del «ni de broma» al «de acuerdo, voy a probarlo».

Y reservé una semana. Me dieron la opción de hacer un ayuno controlado y la elegí. No había ganado peso, gracias a la ayuda de mi esposa y sus cuidados, pero aun así pensé que perder algún kilo me iría bien para no cargar la rodilla.

Finalmente, ayuné durante cinco días. No fue una hazaña, en el centro había personas manteniendo ayunos más prolongados, pero para mí fue un reto suficiente.

También fueron unos días en los que me olvidé del móvil y demás dispositivos, formaba parte del programa. Se trataba de pasar tiempo conmigo mismo, meditando, conectando interiormente y con el entorno. Sin interferencias digitales.

Adquirí conocimientos nuevos sobre salud, alimentación, autocuidado emocional y otras materias. Y, casi como curiosidad —pero no menos importante—, compartí habitación con otros dos huéspedes.

Sinceramente, esto era algo con lo que no contaba, pero me animé a hacerlo. De plantearme una nueva experiencia, ¡que fuese completa! Y salió bien, congeniamos estupendamente, quizá también porque los tres estábamos en una disposición similar.

Para poner esta decisión en contexto, he de decir que, desde que hice la mili, nunca había compartido habitación, salvo alguna noche en albergues cuando hice el Camino de Santiago y uno ya va muy predispuesto a tomarse con deportividad lo que le toque con tal de descansar. Era otra de esas cosas que «yo jamás haría».

En conjunto, fue todo positivo. Conocí a personas que estaban atravesando procesos personales muy duros. Eso me descentró de mí y me dio una perspectiva más amplia. Bajé revoluciones, descansé, medité, disfruté de la naturaleza, superé mi reto personal de ayunar... Noté, en definitiva, cómo mi cuerpo y mi mente iban alcanzando día a día el equilibrio que necesitaba.

Para hacerlo tuve que confiar en las personas que me estaban guiando en ese proceso. En este caso, fue el doctor Karmelo Bizkarra y su equipo. Ellos tenían el conocimiento y la experiencia necesarios para lo que yo necesitaba en ese momento, y ponerme en sus manos fue un acierto.

En resumen, si alguien me llega a decir, un año antes, que iba a pagar una suma de dinero importante por estar siete días sin teléfono en medio del campo, compartiendo habitación, sin comer y haciendo... nada, habría pensado que ese alguien no me conocía en absoluto. Sin embargo, me abrí a la posibilidad, confiando en la experiencia de mi mujer, y he de decir que resultó una decisión acertada.

Tan acertada que no descarto repetirla.

En tu empresa

Para tener resultados diferentes, hay que hacer cosas diferentes. Como todas las claves que te estoy dando, esto te sirve para tu empresa y para tu vida.

Pero para hacer cosas diferentes hay que tener una mente flexible, capaz de contemplar opciones diversas y valorarlas sin prejuicios ni ideas preconcebidas. Lo que ayer no era una solución razonable hoy puede que sea la más sensata de todas, pero para verlo necesitas tener apertura mental.

La inercia, la rigidez y la cerrazón juegan en tu contra.

Nunca digas nunca jamás

Mantén la mente abierta para valorar incluso aquello que normalmente descartarías. No dejes que la inercia o las ideas preconcebidas decidan por ti.

Busca soluciones a lo que te inquieta, pero ten en cuenta que la respuesta puede venir de lugares inesperados o no convencionales. A veces, cambiar de parecer es lo correcto, pero nunca lo sabrás si te aferras a tus ideas.

El mundo de la empresa es muy cambiante, y actualmente más. Antes, un planteamiento de negocio podía durar toda la vida. Hoy, hay negocios que en un año ya tienen que cambiar de estrategia.

Las nuevas tecnologías, la inteligencia artificial, la juventud viajera que recorre el mundo y abre sus mentes, los cambios de valores, las necesidades individuales y colectivas, el clima… Todo evoluciona a marchas forzadas. Tu empresa y tú tenéis que estar abiertos a ese cambio continuo para satisfacer las nuevas necesidades.

Hoy es necesario estar con la lupa constantemente puesta en el mercado, analizando los cambios que permitirán que tu negocio sea viable a largo plazo.

Estrategias que antes no contemplabas puede que ahora sean válidas. O al revés, aquellas que defendías porque siempre funcionaron quizá estén obsoletas y debas dejarlas atrás.

Tener esa flexibilidad aporta un valor diferencial competitivo respecto a otras empresas más inmovilistas, a las que les cuesta cambiar sus ideas y los criterios para la toma de decisiones.

Estar abierto y dispuesto al cambio continuo te dará ventaja.

Acción, atracción y energía

Son tres palabras que se complementan. Si las aplicas a conciencia, puedes dar grandes pasos en tu empresa.

Para salir adelante a partir de cualquier situación adversa, lo principal es estar en movimiento; es decir, la acción acompañada de esfuerzo, trabajo y disciplina. Si te estancas dándole vueltas a las posibles soluciones, pero no te decides a romper tu inercia, nada va a cambiar. Las soluciones no caen solas del cielo, hay que ser proactivos e ir a por ellas.

Con una actitud activa, bien planificada y orientada a la consecución de objetivos, entra en funcionamiento la ley de la atracción, que sostiene que atraemos aquellas cosas en las que ponemos nuestra mente y nuestra concentración.

Por tanto, enfoca tu pensamiento, céntralo en aquello que quieres conseguir y actívate, porque de nada sirve intentar aplicar la ley de la atracción desde el sofá de casa, creyendo que así llegarás a tener un Ferrari aparcado en la puerta. Es una interpretación errónea y causa de muchas frustraciones.

En tercer lugar, juega un papel importante el conocimiento sobre la energía. «La energía ni se crea ni se destruye, solo se transforma» es una frase que dijo el químico Antoine Lavoisier en el XVIII, y es cierta, pero en cada transformación de energía se produce una degradación de la misma que la hace menos útil para el aprovechamiento en nuestro beneficio, por lo que necesitamos generar más.

Esto implica estar en movimiento continuo para ir regenerando la energía que sostiene el crecimiento de tu empresa.

¿Lo ves? Acción, atracción, energía.

Escucha tu voz interior

No hagas cosas por inercia o porque se supone que es lo que hay que hacer. Las personas tenemos un sexto sentido que nos ayuda a tomar decisiones y saber si el camino que elegimos es correcto o no. Presta atención a esa voz interior que te indica los pasos que debes dar.

Si tus sensaciones no son buenas, si algo no te encaja, detente y presta atención a tus sensaciones. No siempre es un mensaje claro, a veces solo se trata de una impresión fugaz que hay que atrapar al vuelo.

Nuestros ancestros estaban acostumbrados a escucharse a sí mismos y a la naturaleza. Atendían las señales. Respetaban la intuición. Miraban al cielo y sabían si llovería o no. Utilizaban el olfato para anticiparse a lo que podía suceder, con el tacto eran capaces de detectar la fiebre, y tenían otras habilidades prácticas que hoy se han perdido.

Cuando hablé del método de las 3 C y nombré el corazón, me refería justamente a esa voz interior que marca el norte.

Si has llegado hasta aquí, habrás visto que insisto siempre en que debemos encontrar la felicidad en lo que hacemos. Por tanto, si se te presenta algo que no te hace sentir bien, te molesta o te hace daño, no lo hagas.

Lo más importante eres tú, tus sensaciones, tu felicidad.

10

EL NUEVO MIQUEL

«No es más valiente quien no tiene miedo,
sino quien actúa a pesar de él».

—NELSON MANDELA

El accidente que tuve en abril de 2023, y que me tuvo diez semanas en silla de ruedas, fue un enorme desafío que me hizo aplicar todo lo aprendido a lo largo de los años y utilizar herramientas que ni sabía que tenía.

Durante esos meses experimenté una evolución personal que pasó por diferentes etapas. Sin ser consciente de ello, se lo iba relatando a las personas que llamaban para ver cómo estaba o venían a verme a casa.

—¿Cómo estás? —me decían.

—Aceptando la situación, adaptándome, perseverando en mi rehabilitación —contestaba los primeros días.

Según pasaban las semanas y se me iba haciendo cuesta arriba, les decía que estaba haciendo un máster en aceptación, adaptación y perseverancia.

Y cuando ya llevaba meses, y los pasos hacia mi recuperación aún eran terriblemente lentos, ya no hablaba de máster, sino de doctorado.

Finalmente, y ya con cierto humor, les decía a todos que tenía una cátedra en todo lo anterior, pero que también tenía ganas de seguir luchando y estaba lleno de esperanza, motivación y alegría para continuar adelante.

Todo eso forma parte de la resiliencia. Y es lo que me gustaría transmitir con este libro.

Mi vivencia fue dura y me enfrentó a mis limitaciones, pero también fue enriquecedora. Me hizo ver que tengo recursos y me mostró que soy más fuerte de lo que pensaba.

Eso me motiva más para seguir compartiendo aprendizajes. Solo que ahora siento que lo hago desde un nuevo lugar. Más maduro. Más consciente. Y de una forma más integral.

Si ya me conocías, sabrás que he escrito otros libros orientados a ayudar al empresario, pero este es sin duda el más personal de todos, en el que he puesto más de mí, compartiendo incluso aspectos íntimos de este proceso que en otro momento habría dejado al margen de mi faceta como divulgador.

Sin embargo, en esta etapa de mi vida me ha parecido importante ir más allá, con el objetivo de transmitir que en la vida no hay compartimentos estancos y que todas las facetas de la persona son una sola en realidad.

Todo lo que haces forma parte del mismo objetivo, que es crecer como persona y hacer crecer tu empresa. En el camino, mientras trabajas para cumplir tu propósito de vida, se abrirá la puerta a un estado de felicidad que quizá ni soñabas.

Por eso es tan importante la preparación a todos los niveles, desde las cuestiones más materiales hasta aquellas que tienen que ver con tu crecimiento personal.

Estoy convencido de que detrás de cualquier crisis hay nuevas oportunidades; para mí son dos caras de la misma moneda. Puede que te cueste verlo, que en los primeros momentos te cieguen las emociones, la preocupación o el dolor físico, pero, cuando has preparado tu mente y tu corazón, ves la salida.

Si has interiorizado eso, realmente he logrado mi objetivo con este libro.

Para terminar, te dejo las 17 conclusiones finales que te invito a incorporar a tu vida.

CONCLUSIONES FINALES

Ten siempre un plan B

¿Qué pasa si no se cumple el plan establecido? Yo aconsejo siempre tener un plan B, o plan de contingencias, como me enseñaron en la universidad.

Por experiencia, te diré que es muy difícil —si no imposible— que todo suceda tal como tú lo has pensado. Siempre pasan cosas diferentes a las que has previsto.

Nada es blanco o negro. Los matices de grises acaban definiendo la realidad con la que te encuentras. Sé consciente que será así y rebaja tus expectativas para dormir tranquilo. Vive y toma decisiones en función de lo que te vaya sucediendo, fruto de haber ajustado lo que esperas conseguir.

Te he explicado que yo contaba con andar a las pocas semanas y no fue así. Tener esas expectativas solo me generó frustración. En la empresa sucede lo mismo.

Esperar un beneficio de 250.000 euros puede ser frustrante si no consigues llegar a ese objetivo. Date margen de error. Date la opción de equivocarte, porque los únicos que no se equivocan son los que no toman decisiones. El riesgo está implícito en el hecho de ser empresario.

Ten en cuenta todo eso y…, si no sale adelante el plan A, recurre a tu plan B.

Fórmate con un mentor

Cuando necesitas avanzar rápido, romper bloqueos, sacar tu empresa de un punto muerto o resolver problemas cuya solución desconoces, lo más efectivo es buscar ayuda. La figura del mentor es crucial para que consigas más rápido los resultados que quieres obtener.

El mentor es aquella persona que tiene experiencia y conocimientos en un campo concreto. En mi caso, es en la gestión y dirección de negocios. Enseño a otros empresarios a tener su negocio más controlado y aumentar sus beneficios para poder ser más felices y disfrutar de la vida.

Para ayudarlos a acelerar sus resultados empresariales, he creado una serie de formaciones *online*, así como diversas herramientas prácticas descargables.

Tanto las formaciones como las herramientas están pensadas para que cualquier empresario o empresaria pueda ponerlos en práctica inmediatamente y medir sus resultados en el menor tiempo posible.

Mis clientes me han calificado de consejero, guía, maestro, padrino, padre empresarial. Incluso me han dicho cosas como «Miquel, me has salvado la vida», «Has sido mi ángel de la guarda» o «No tendría mi empresa si no fuera por ti».

A todos les respondo que el mérito no es mío, sino suyo:

- Por su compromiso con ellos mismos y con su empresa.

- Por pasar a la acción.

- Por ser conscientes de que «no sabían lo que no sabían» y haber confiado en mí.

Un mentor es alguien que te va a aportar enfoques nuevos y te ayudará a aplicarlos. Confía en los consejos de quien ha recorrido el camino antes que tú, y posee tanto los conocimientos como la experiencia para hacerte avanzar más rápido y sin cometer errores.

Ahorra e invierte

Del beneficio que obtienes de tu negocio, ahorra una parte: un 10 %, un 20 %, un 30 %. Lo que sea, pero ahorra.

Disponer de este dinero, sea a nivel particular o en tu negocio, te permitirá invertir cuando veas la oportunidad.

Hay quien dice que ahorrar sin invertir es perder dinero, ya que el incremento del índice de precios de consumo (IPC) te hace perder poder adquisitivo. Y es cierto, aunque también es verdad que, cuando te pasa una buena oportunidad por delante y dispones del dinero para adquirirla, la rentabilidad supera con creces la pérdida que te haya podido ocasionar.

Te aconsejo que el ahorro sea tu acompañante en tu vida empresarial. Te dará una enorme paz.

Siéntete rico

¿Qué es ser rico?

O, mejor, ¿qué es *para ti* ser rico? ¿Qué es lo más importante en tu vida para sentirte rico?

Para algunos quizá sea el dinero. Para otros, la familia. O ser propietarios de un negocio rentable, o viajar y ver mundo, o tener reconocimiento en los medios de comunicación…

Hay mil motivos diferentes para ser o sentirse rico, pero ninguno sería posible si no estuvieras vivo. Sé consciente de que estar vivo es la mayor riqueza que tienes en este mundo. Aprovéchala para tomar conciencia y ser feliz cada segundo de tu vida.

Siéntete rico porque puedes respirar, puedes estar aquí y ahora, puedes decidir con libertad qué quieres ser y pasar a la acción para conseguirlo.

Practica la resiliencia

Si eres consciente de que, pase lo que pase en la vida, la decisión de levantarte y continuar está en tu mano, te levantarás y continuarás.

Eso es resiliencia. No depender de que lo que te ocurra sea blanco o negro, bueno o malo, cara o cruz.

Algunas decisiones traen buenos resultados. Otras, no. No te preocupes por ello. Sacarás lo positivo y aprenderás. Esa es la actitud con la que hay que transitar por la vida.

El primer estudio que creó Disney lo llevó a la quiebra. ¿Eso lo detuvo? No. Luego llegaron los 83 minutos de *Blancanieves y los siete enanitos* que lo llevaron al éxito. Sé tú mismo y actúa según tu conciencia y tus aprendizajes (o, lo que es lo mismo, los errores de los que has aprendido).

Nadie toma siempre buenas decisiones. Es más, todos los grandes personajes de la historia comparten un denominador común: su éxito ha sido el sumatorio de sus aprendizajes.

La resiliencia es un valor poderoso. Como te decía en el punto anterior, mientras estés vivo nunca hay que perder la esperanza, de modo que: pon sentido común a tu vida, sé razonable con tus circunstancias y deja que la resiliencia te inspire para continuar en movimiento.

Valora lo que ya has avanzado

Echar un vistazo al camino que ya has recorrido te dará perspectiva.

¿Quizá podrías estar más adelante? A lo mejor sí, o también podrías estar más retrasado. Lo importante es ser agradecido. Da gracias a la vida y felicítate por todo lo que has conseguido.

En el día a día, a veces no se ven los avances, aunque los haya. Por eso es muy recomendable detenerse un momento y tomar conciencia de que se han superado dificultades que, cuando aparecieron, parecían insalvables.

Mientras reflexionaba para escribir este libro, me daba cuenta de que viví situaciones muy potentes y que las gestioné bien. Me sorprendo diciéndome a mí mismo: «Miquel, qué fuerte fuiste». Y eso me da confianza para continuar.

Si te concedes unos momentos y miras cuánto has hecho para llevar tu empresa al punto en el que está, verás que ya has hecho un gran trabajo.

Cuenta con la suerte y no te castigues

La suerte es una variable que siempre está en la ecuación, tanto en la vida como en la empresa. A veces puede sumar, a veces puede restar. No pasa nada, forma parte del juego.

Puedes intentar atraerla manteniendo una actitud mental positiva, pero nunca sabes de qué lado va a caer. Solo una cosa está clara: si no estás presente y activo en el juego, no existes para conseguir lo que quieres y la suerte nunca te podrá acompañar.

Y si no te acompaña, pero tú has hecho todo lo que tenías que hacer, perdónate y continúa trabajando; más vale hecho que perfecto.

Recuerda que cada vez que tomas una decisión hay dos opciones: o sale bien o aprendes. Así que echa mano de tu resiliencia para levantarte y continuar con tu camino.

No te olvides de ser humilde

La humildad, cuando honestamente la sientes y la vives, se convierte en un pilar para la vida y una señal de autenticidad.

Procura ser siempre humilde. Incluso aunque todo te vaya muy bien y lleves la palabra *éxito* escrita en la frente, no olvides la humildad: es lo que te pone los pies en la tierra y te mantiene conectado a tu esencia.

Si eres una persona humilde, te resultará más fácil reconocer tus límites, aceptar tus imperfecciones, aprender de tus errores… y crecer.

La humildad debe estar en los cimientos tanto de tu vida como de tu negocio.

Sé fiel a tus valores

En el capítulo 4 te expliqué cómo funciona el método de las 3 C para tomar decisiones. ¿Recuerdas cuál era la primera C?

Cabeza.

La C de Cabeza quiere decir que hay que ser racional, lógico y coherente. Aunque, si tuviera que sintetizar, diría que hay que ser, sobre todo, razonable.

¿Por qué? Porque, tomes las decisiones que tomes en tu empresa o en tu vida, lo más importante es que puedas dormir tranquilo y en paz por las noches. Por eso debes ser siempre razonable y permanecer alineado con tus principios y valores.

Deja un margen para la incertidumbre

Seguro que conoces «Pedro Navaja», el famoso tema del músico panameño Rubén Blades.

Pues bien, el mundo de los negocios, igual que la misma vida, está cargado de sorpresas y es difícil anticiparse a ellas. La historia acaba siendo la suma de todos los cambios y aprendizajes que se dan en ella.

«La vida te da sorpresas, sorpresas te da la vida, ¡ay, Dios!» Cuenta con ello y estate preparado para gestionar todos los cambios que la vida te va a poner delante.

Pon esfuerzo y perseverancia

No hay nada gratis cuando hablamos de negocios.

Yo siempre digo que no es lo mismo ver el partido desde la cancha, sudando la camiseta, que verlo desde las gradas mientras te bebes una caña o te comes un bocadillo. Desde fuera, las cosas se aprecian de forma muy diferente.

Para conseguir lo que quieres debes poner de tu parte el esfuerzo necesario para llegar a ello. Si piensas que va a caerte gratis del cielo, te estás equivocando.

Utiliza la perseverancia: es la escalera que te ayudará a salir de cualquiera de los agujeros que vas a encontrar a lo largo de tu vida empresarial.

Valora tu diferencia

Compararse con los demás es algo que ocurre a menudo a nivel empresarial. A mí me dicen mucho: «¿Cómo puede ser que aquel sea capaz de facturar tanto? ¿Cómo ha llegado a tener tantos empleados? ¿Por qué le han concedido tal entrevista y a mí no?».

Olvídate de eso.

Tú eres tú y los demás son los demás.

Tu historia y tus circunstancias te han llevado hasta donde estás ahora. Continúa tu camino siendo tú y aplicando tu formación y aprendizajes. Esto te aportará un valor y una diferenciación respecto a los demás que serán las claves de tu éxito.

Apuesta por la positividad

Sé optimista. Cuesta lo mismo que ser pesimista.

¿De qué depende? De ti. De que tú quieras vivir tu vida y tus negocios con un tono positivo.

¿El vaso está medio lleno o medio vacío? Yo decido que está medio lleno. ¿Por qué? Porque me hace sentir mejor verlo medio lleno. Me genera buen rollo, me da esperanza y me ilusiona.

Aprende a dar la vuelta a tus pensamientos negativos y decide pensar en positivo, verás cómo percibes la vida de forma diferente.

Pensar en positivo atrae cosas positivas.

Controla tus miedos

Somos nosotros mismos quienes nos contamos historias para rellenar «lo que no sabemos que no sabemos», esos espacios a los que algunos llaman *puntos ciegos.*

Aquello que no sabemos provoca un espacio vacío en nuestro interior que intentamos disimular contándonos una historia que nos creemos para tener la ilusión de que mantenemos el control. Parece que, si no controlamos nuestra vida, estamos perdiendo el timón, y esto nos hace daño.

Pero la incertidumbre forma parte de nuestra realidad y hemos de convivir con ella. No siempre las historias que nos cuentan o nos contamos nos acaban llevando a los resultados que queremos tener bajo control.

¿Cuál es el trasfondo de todo esto? El miedo. Atraviesa ese miedo para darte cuenta de que, después de la tempestad, siempre sale el sol.

Renace cada día

Las decisiones que tomas en tu empresa, igual que las que tomas en la vida, son fruto de tus circunstancias y de como tú las interpretas, te las explicas y te las crees.

Todo ese bagaje vital modela tu manera de pensar, de sacar conclusiones y de actuar. Pero ten en cuenta que cada persona es diferente. Cada uno de nosotros ofrecerá una interpretación distinta sobre un mismo hecho, condicionado por su trayectoria vital. Si eres consciente de esto, puedes abrir tu mente a nuevas posibilidades.

Cada día puedes crear algo nuevo si dejas de interpretar tu propia historia, la ya vivida, y vuelves a nacer.

Sé feliz

La felicidad es una parte intrínseca de nuestro ser. Si eres consciente, la disfrutas en cada instante de tu vida.

Es una actitud que nos hace sentir día a día satisfacción y bienestar por las pequeñas/grandes cosas que nos ofrece la vida: estar vivos, el abrazo de los hijos, tener buena salud, disfrutar con tu propio negocio, sentirte libre de hacer lo que quieres...

Cada persona percibe la felicidad de un modo diferente, ¿qué es para ti? Cada paso, cada idea, cada pensamiento, cada emoción o sentimiento debe ayudarte a ser consciente de que la felicidad está en tus manos y depende de tu actitud.

Persigue tu meta, actúa en consecuencia para sentirte feliz y recuerda disfrutar del camino. La felicidad es un valor que no se compra, se siente.

Tu mejor dividendo es la libertad

Hacer lo que tú quieras sin que nadie te controle es la máxima expresión de la libertad. Es algo que tiene tanto valor que no se puede pagar con dinero.

Porque, más allá de las tácticas de negocios, la innovación tecnológica o la gestión de crisis, existe un dividendo mayor: la libertad.

Ser empresario no solo es cuestión de construir un negocio exitoso, sino de cultivar un estilo de vida que te permita hacer lo que realmente te importa. Liderar tu empresa te da la libertad de elegir con quién trabajar, en qué proyectos invertir tu tiempo, de qué modo equilibrar tu vida personal y profesional, y cómo contribuir a la sociedad.

Esta libertad es, sin lugar a dudas, el dividendo más significativo de tu inversión como empresario: la libertad de vivir según tus valores, tu pasión, y la libertad de hacer algo diferente y significativo en el mundo.

Mientras avanzas en tu viaje empresarial, te invito a reflexionar sobre la libertad que buscas y cómo puedes utilizarla para crear un impacto duradero.

Sé tú. Sé auténtico. Sé íntegro. Disfruta de la vida siendo consciente de que eres libre.

AGRADECIMIENTOS

Me gustaría añadir, por último, que, detrás de cada palabra escrita y de cada reflexión compartida, hay un tejido invisible de personas que me brindaron su apoyo y aliento. Por eso no quiero terminar sin mostrar mi más profundo agradecimiento a todos los que habéis iluminado una parte del camino, habéis quitado piedras para hacérmelo más fácil, os habéis echado mi mochila al hombro para aliviar mi peso o simplemente habéis estado ahí, acompañándome durante un trecho.

Gracias a mi mujer por ser mi roca, mi apoyo inquebrantable y mi mayor fuente de fortaleza, no solo en ese año tan complicado para mí, sino durante toda una vida juntos.

A mis hijos, mis dos mayores motivaciones para recuperarme y seguir adelante. Nos quedan muchos festivales a los que ir juntos.

A mis hermanas, Reme y Tere, que me brindaron su apoyo e hicieron más fácil lo difícil, teniendo en cuenta mis limitaciones físicas. Gracias por estar al lado de nuestra madre en todo momento, cuidándola y acompañándola en ese último tramo de su viaje por esta vida.

A mis amigos Josep Maria Q., Francesc Q. y Salvador F., que se llevaron un buen susto aquel 9 de abril. Y a todos los demás, que no nombro porque, en verdad, sois demasiados, gracias por los momentos de compañerismo que han iluminado incluso los días más sombríos.

Al doctor Albert Alabat y su equipo de traumatólogos, quienes me operaron aquel miércoles 12 de abril para recomponer mi meseta tibial.

Al doctor Josep Lloveras, por su amistad y su profesionalidad. Sin su aportación en un momento clave, mi recuperación no habría sido la misma.

A todo el equipo de fisioterapeutas de la clínica Salus Infermorum, donde durante meses estuve haciendo mi rehabilitación. Me ayudaron a confiar, a ser más paciente y perseverante.

A Isabel, Rosa y demás personas de mi equipo, que supieron estar a las duras y a las maduras, adaptándose y facilitando que la empresa siguiese adelante.

A todos los empresarios y empresarias de mis mentorías y formaciones. Ayudaros a crecer es el propósito que me ilusiona para continuar trabajando. Para vosotros he escrito este libro.

Finalmente, gracias a todas las personas con las que compartí algún momento durante ese largo proceso de recuperación, en el que aprendí a valorar aún más las pequeñas grandes cosas de la vida.